# WAHRE LIEBE
MIT
# LORIOT

DIOGENES

Herausgegeben von Susanne von Bülow, Peter Geyer
Buchgestaltung: Our Art Is Ltd.
Katharina Seebacher

www.diogenes.ch
150/23/852/1
ISBN 978 3 257 02188 2

# DER FLIRT

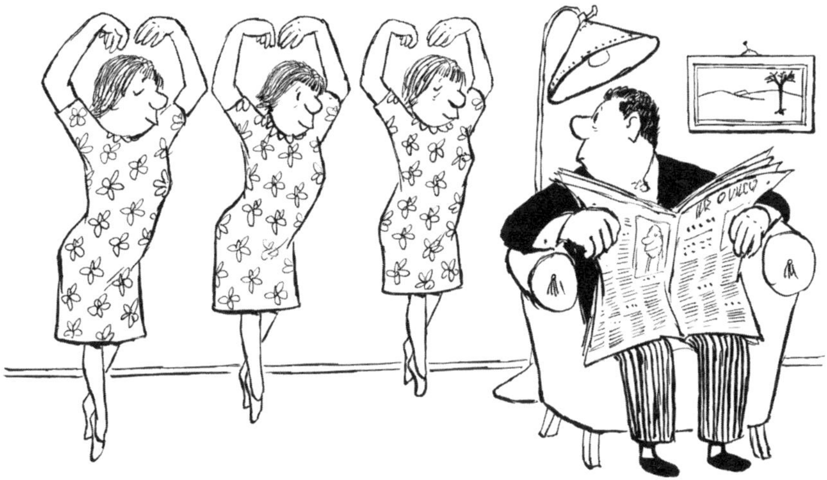

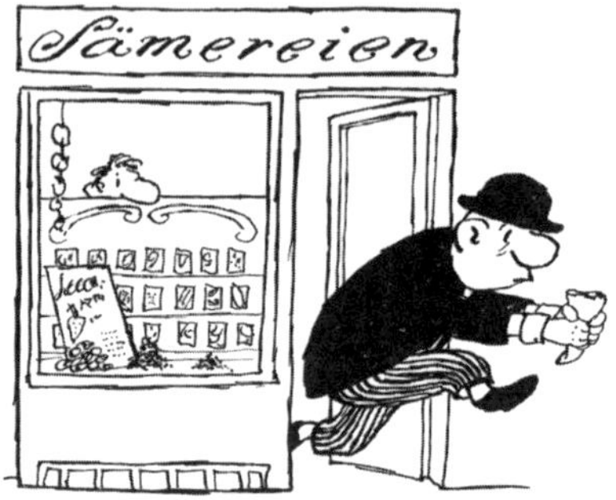
Sämereien

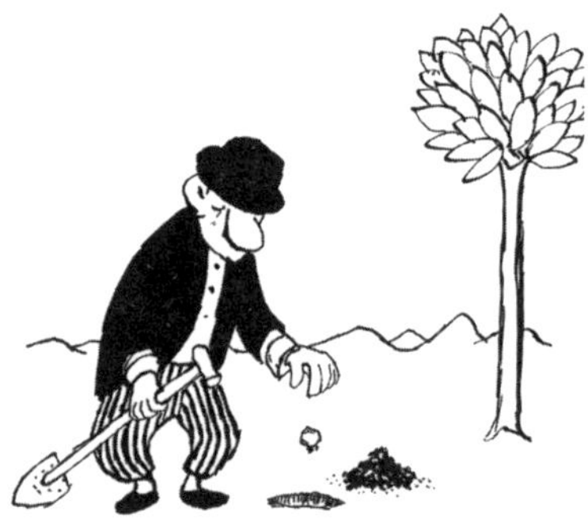

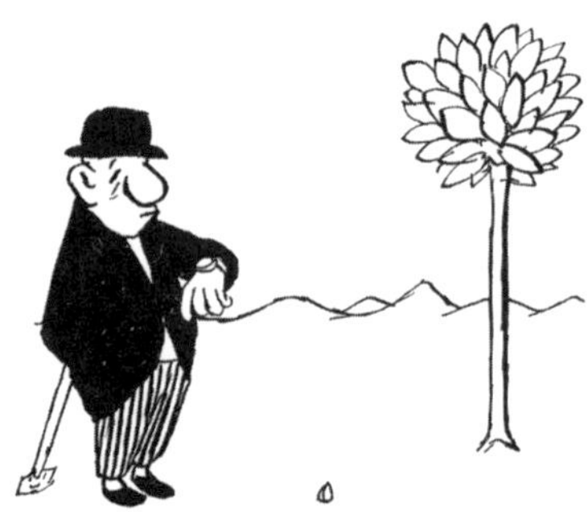

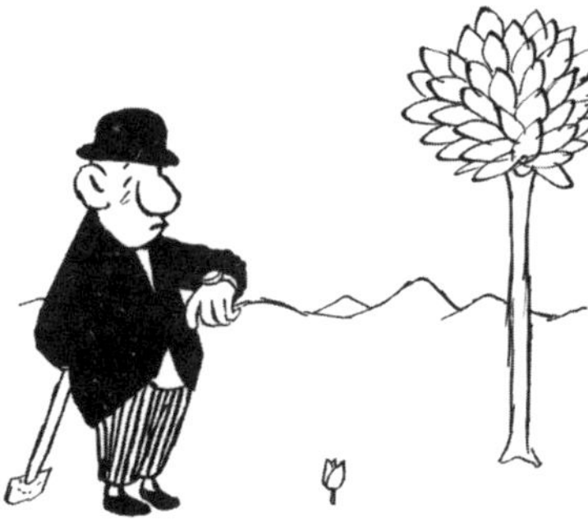

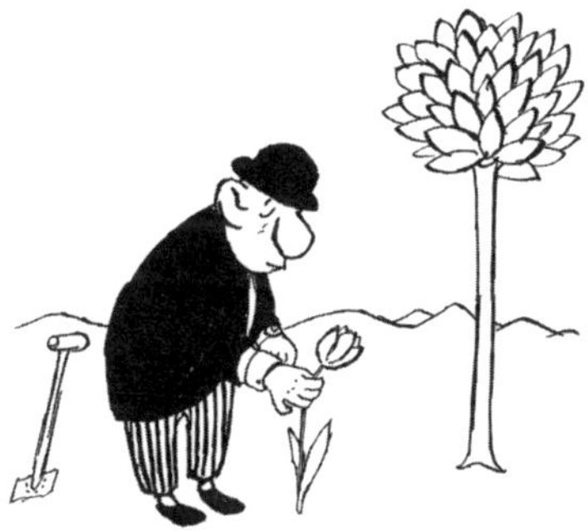

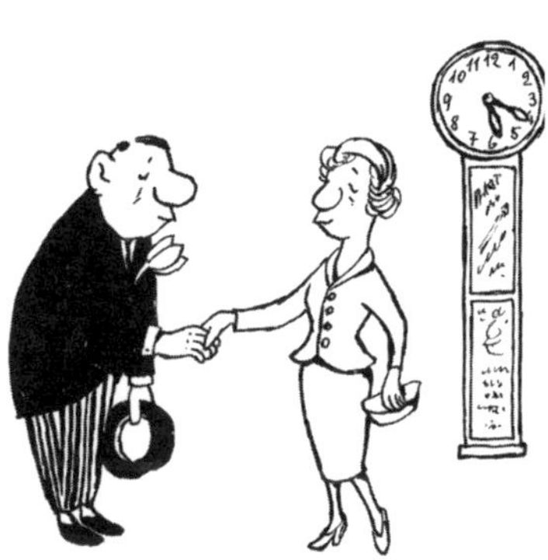

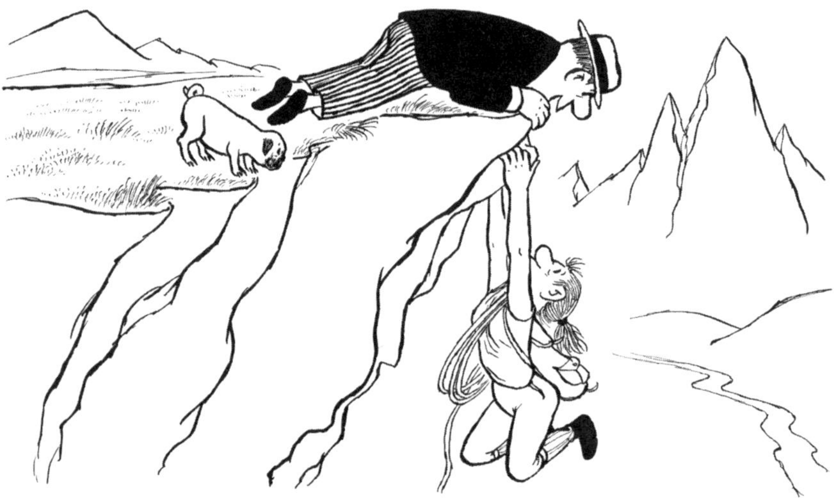

Der virtuose Meister des Flirts findet stets das richtige Wort zur richtigen Zeit. Hier: »Hat Ihnen schon mal jemand gesagt, was für schöne braune Augen Sie haben?«

A

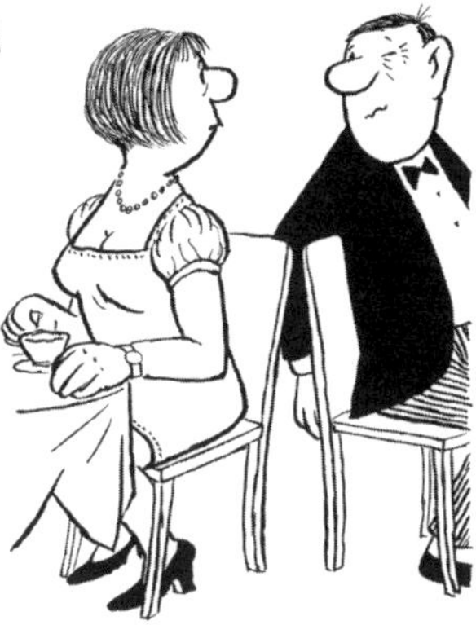

B

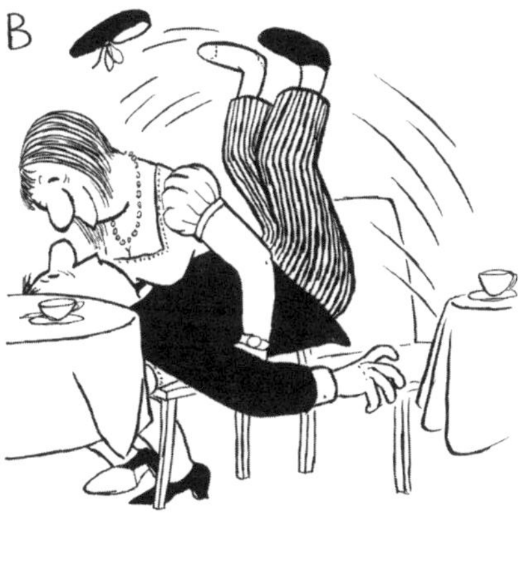

Auch der schickliche Annäherungsversuch des Anfängers (A) ist von Erfolg begleitet, wenn der weibliche Partner die galanten Spielregeln des Flirts beherrscht (B).

A

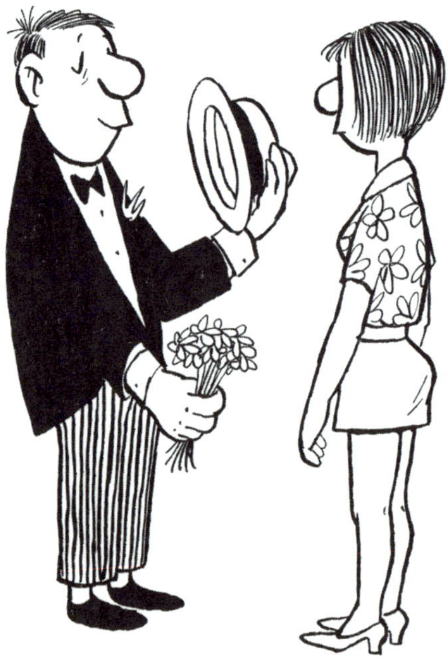

Zum Ausklang des Flirts empfiehlt sich ein hübscher Blumenstrauß entsprechender Größe. Er fällt bescheidener aus nach Beendigung einer kurzen Beziehung (A), … →

B

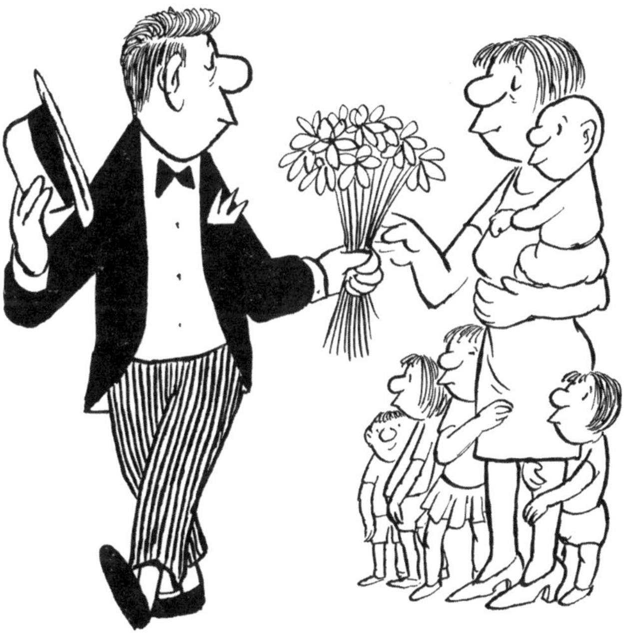

… aufwendiger nach einem Flirt von längerer Dauer (B).

FALSCH

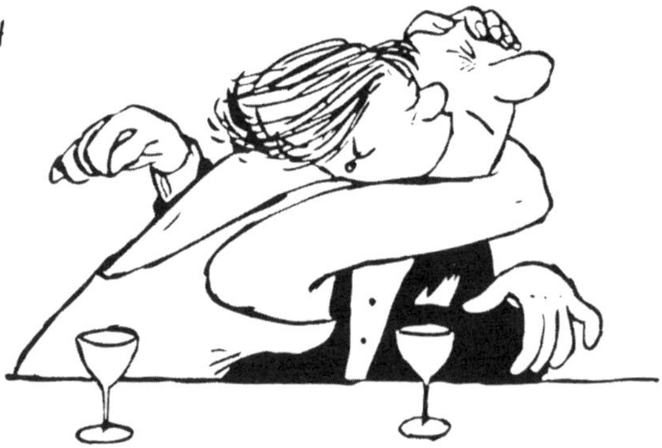

RICHTIG

Vermeiden Sie, mit Ihrem Tischherrn vor allen Leuten zu flirten. Wenn Sie eine Dame von Welt sind, löschen Sie zuerst das Licht.

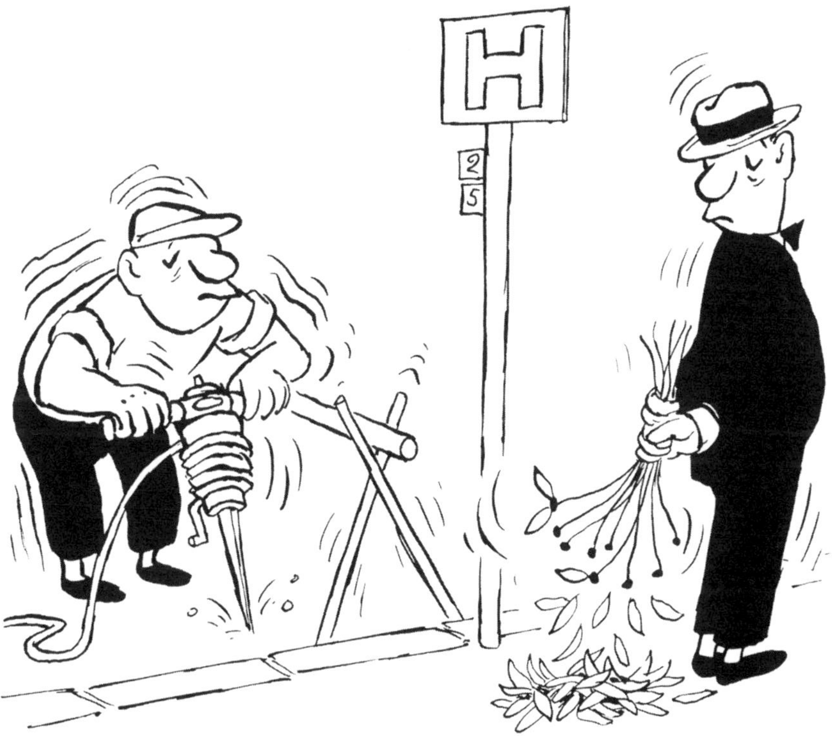
H
2
5

1

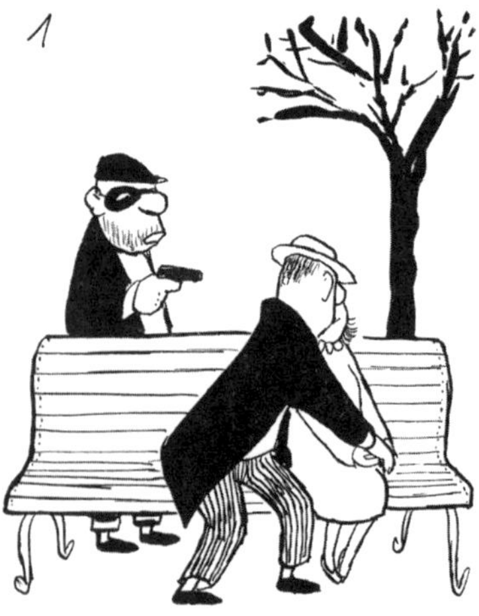

2

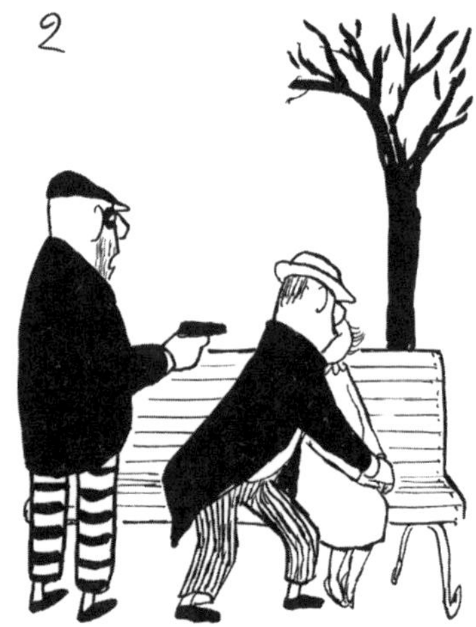

3

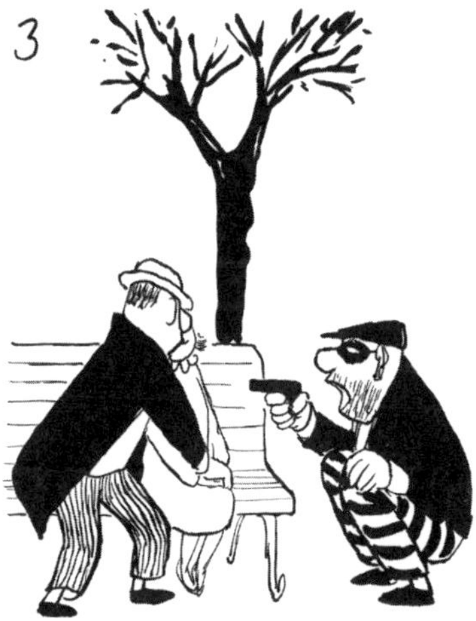

4

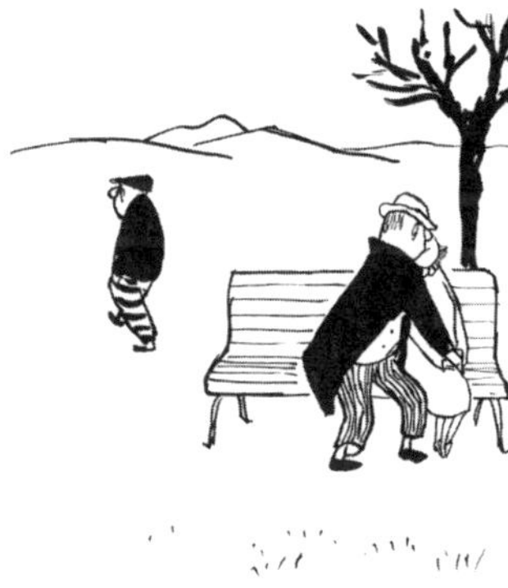

# DAMEN BEI DER GATTENWAHL

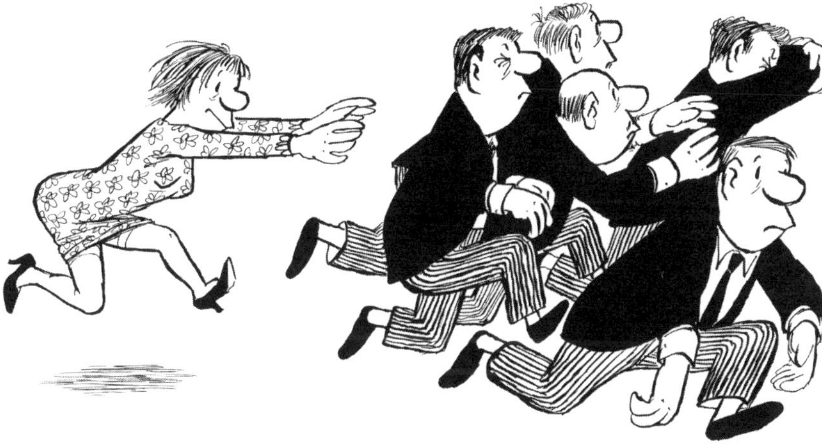

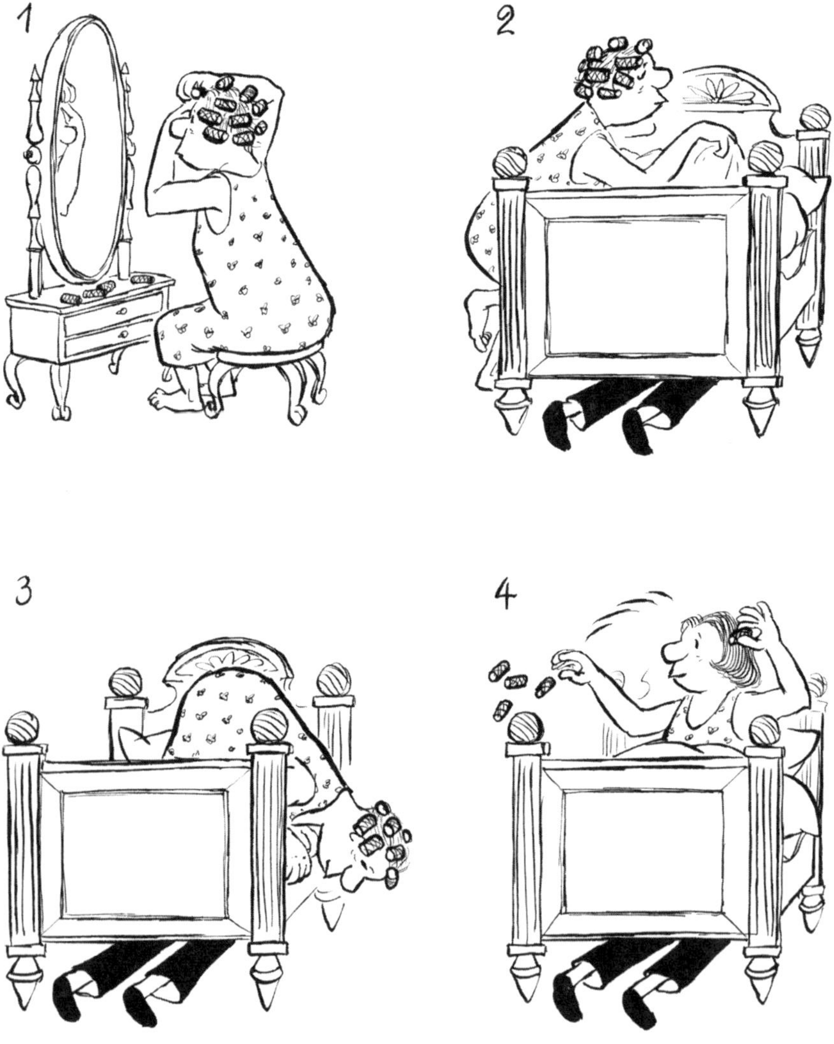
1
2
3
4

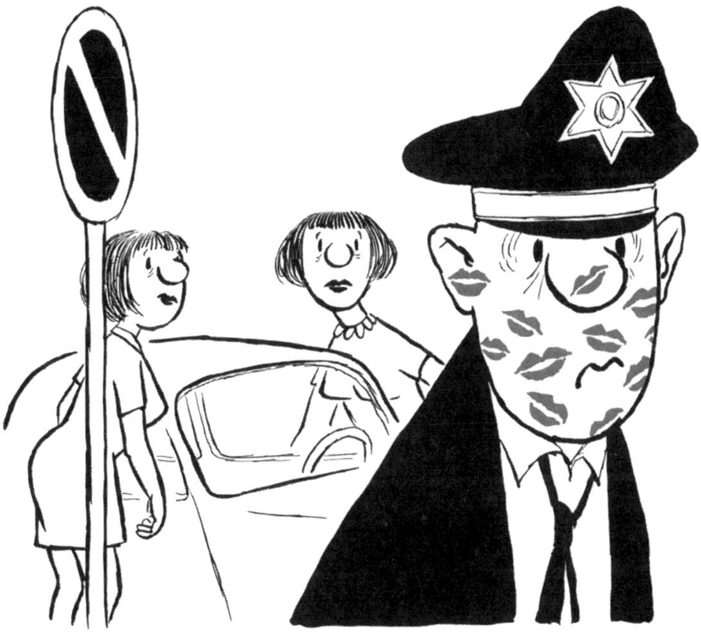

»Haben wir ihn missverstanden?«

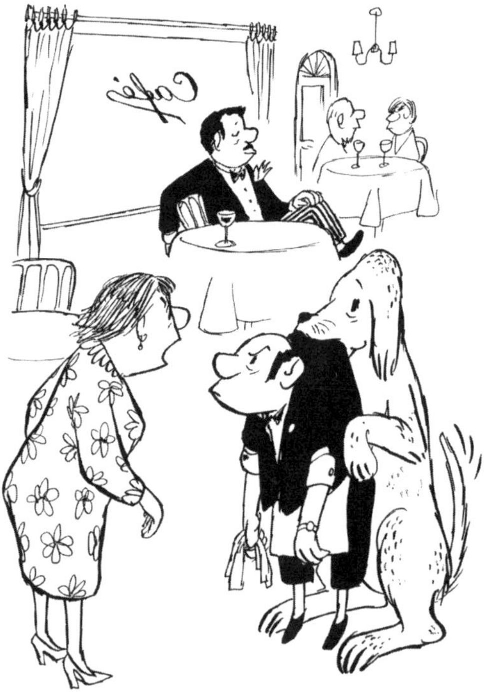

»*Den* wollte ich doch gar nicht …!«

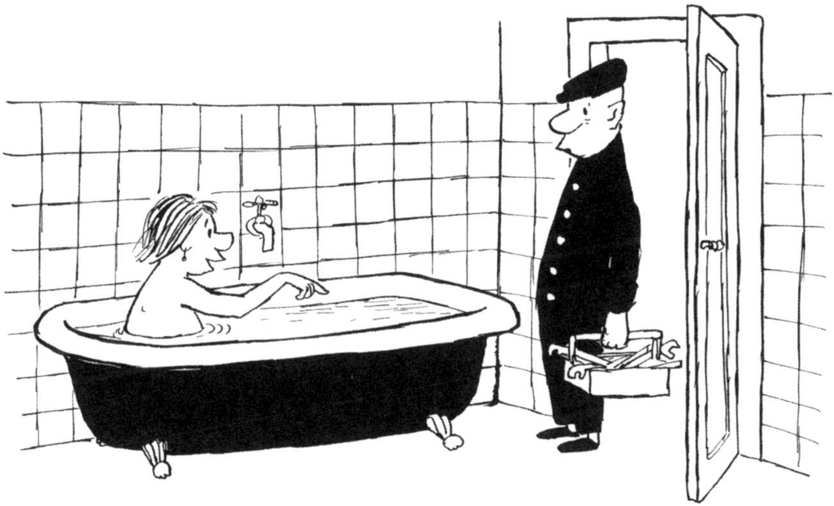

»Sehen Sie, das Wasser läuft einfach nicht ab …«

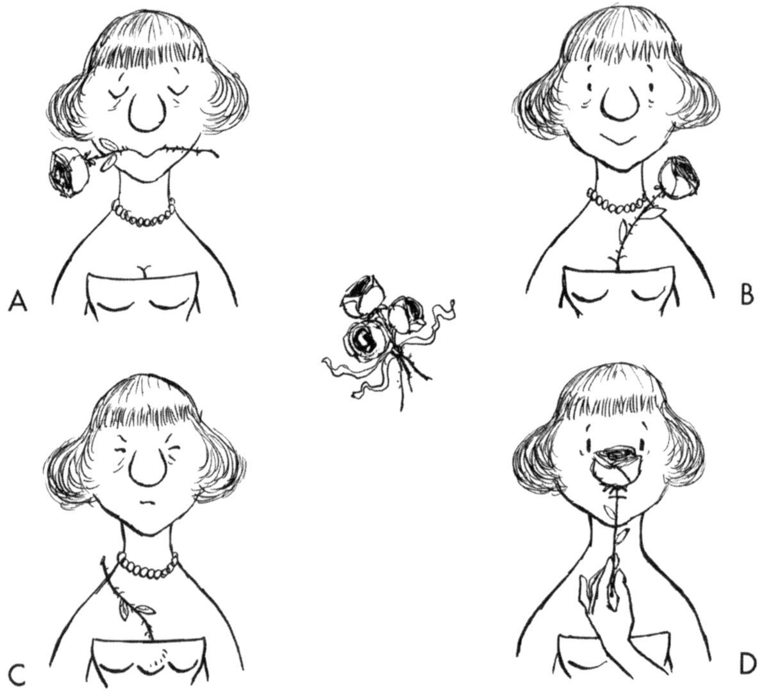


In der Öffentlichkeit sind direkte Aussprachen oft nicht ratsam. Die abgebildete Dame bedient sich einer Rose zu diskreter Verständigung.

A: Ich liebe Sie.
B: Das hätte mein Mann hören sollen!
C: Sie sind mir unangenehm.
D: Können Sie mir 20 Cent borgen?

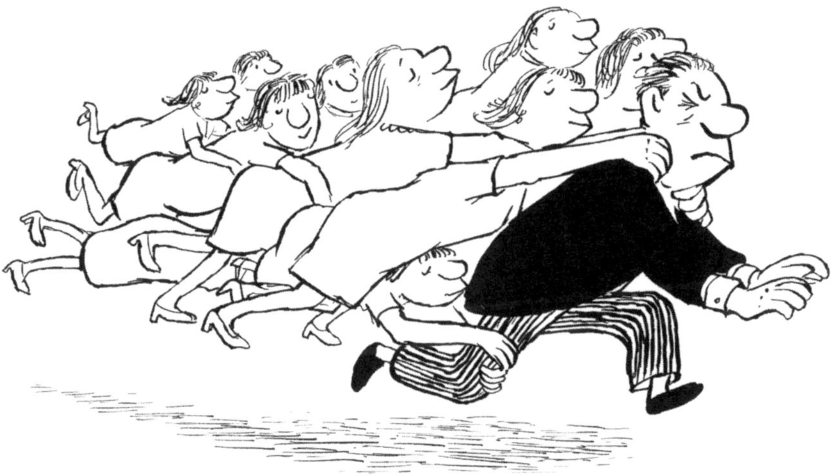

Wenn Sie als Dame einem Filmproduzenten begegnen, seien Sie recht nett zu ihm. Er ist dankbar für ein bisschen Sonnenschein.

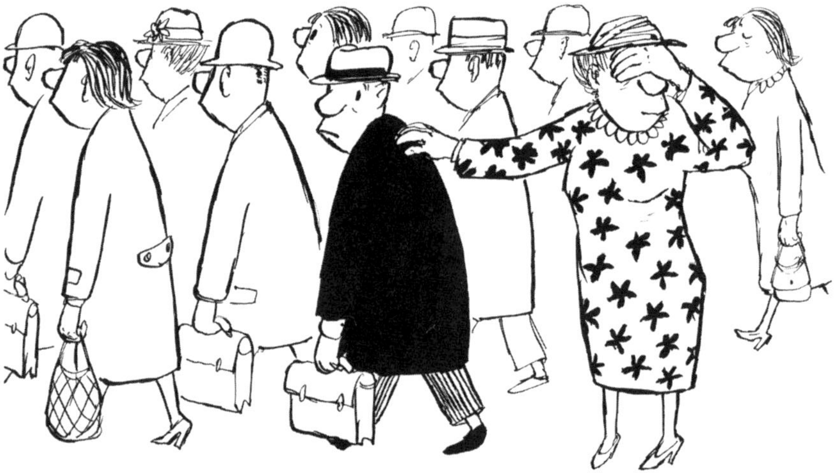

Ein Griff in die Menge mit verdeckten Augen löst die Frage des Ehepartners auf ebenso reizvolle wie originelle Weise. Merke: *Es kommt bei Herren nicht so sehr auf das Äußere an!*

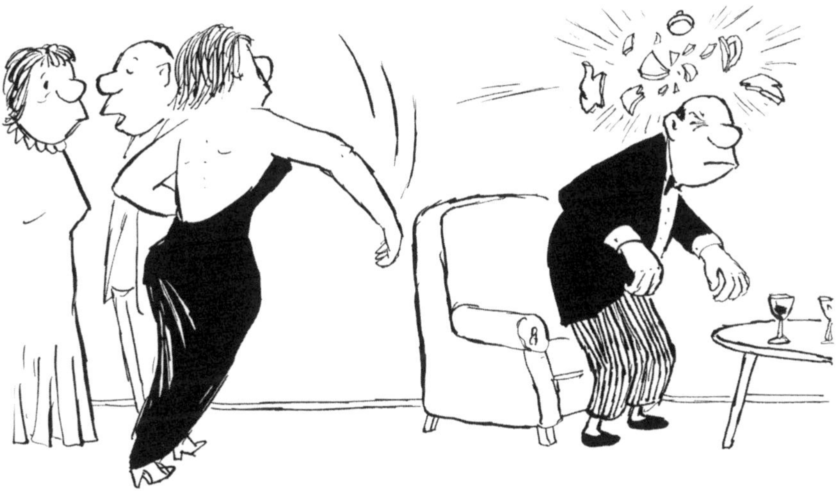

Wenn Sie in geselligem Kreise den Herrn Ihrer Wahl entdeckt zu haben glauben, sollten Sie ihm möglichst umgehend das Vorgefühl häuslicher Geborgenheit vermitteln.

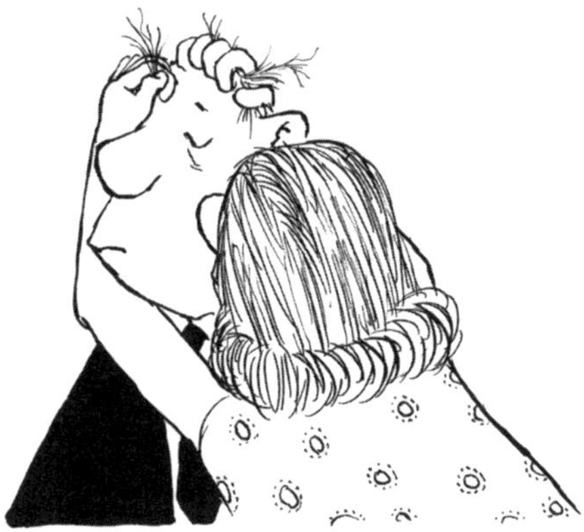

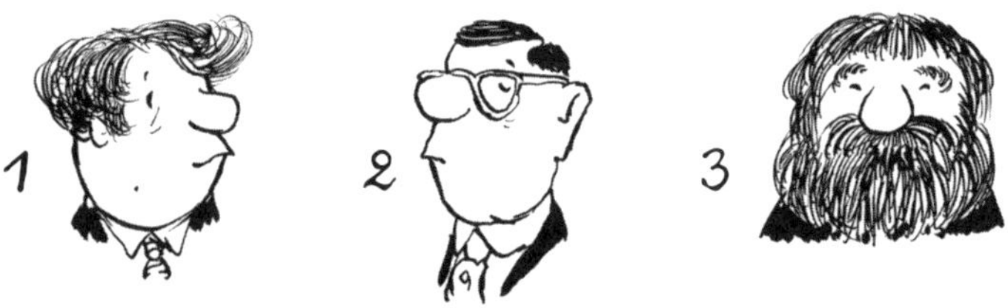


Bevor Sie im Haar Ihres Auserwählten zu wühlen beginnen, vergewissern Sie sich, ob er noch ausreichend mit solchem versehen ist. UNTEN: Besser geeignete Objekte. Bei Nummer 2 ist jedoch Zurückhaltung geboten.

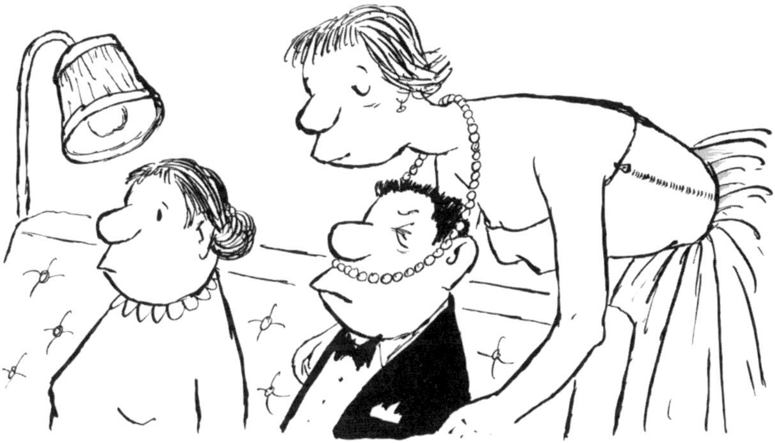

Schmuck ist wertbeständig und darum ein entscheidender Faktor in Liebesdingen. Zarte Andeutungen in dieser Richtung beseitigen schnell unnötige Bedenken.

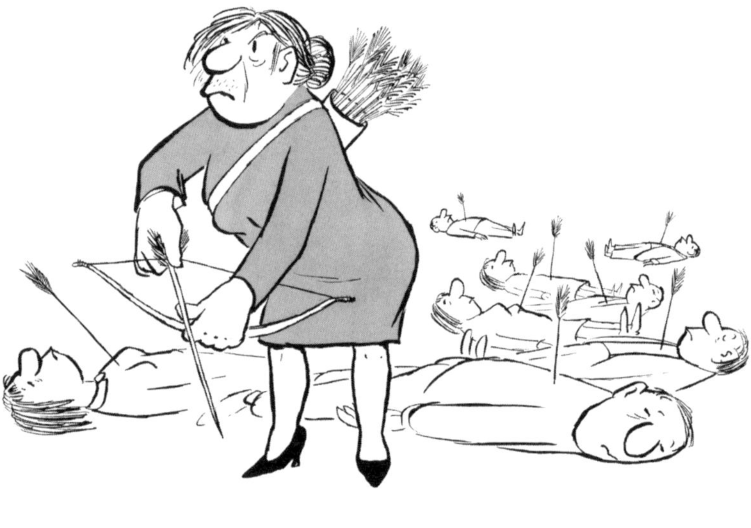

Vielleicht hat sie bisher Pech in der Liebe gehabt.

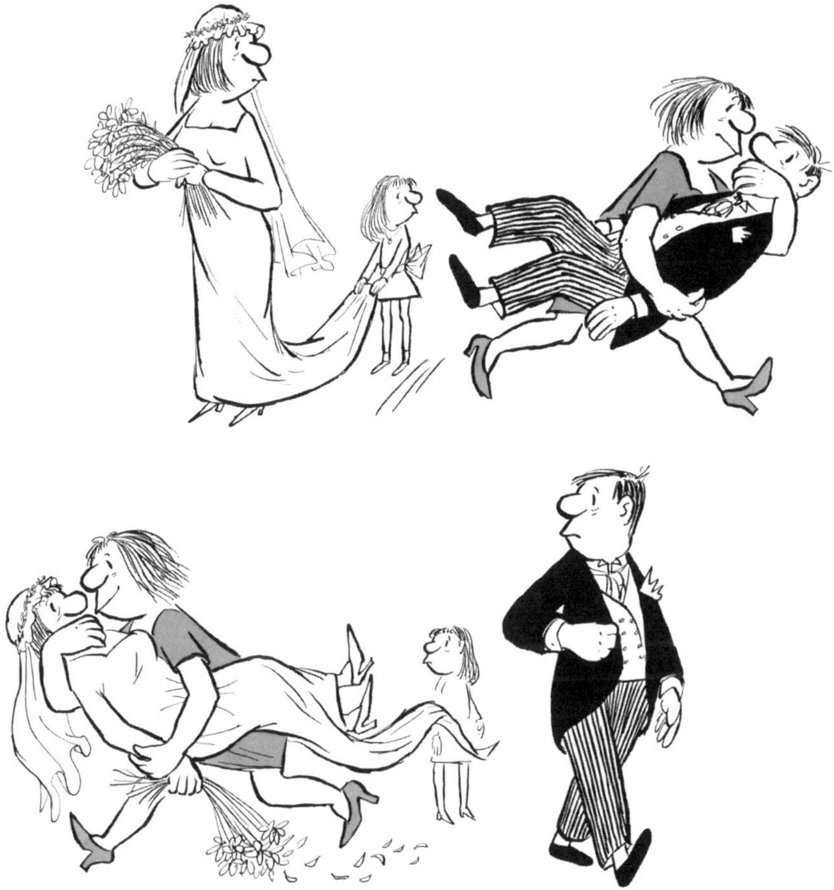

Frauen stehlen praktisch alles, was in ihr Blickfeld kommt.

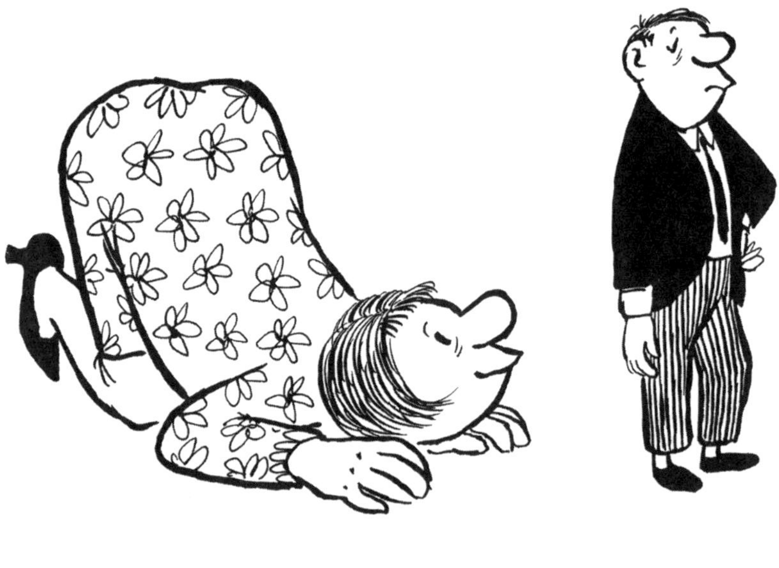

Sie will zu ihm aufschauen können.

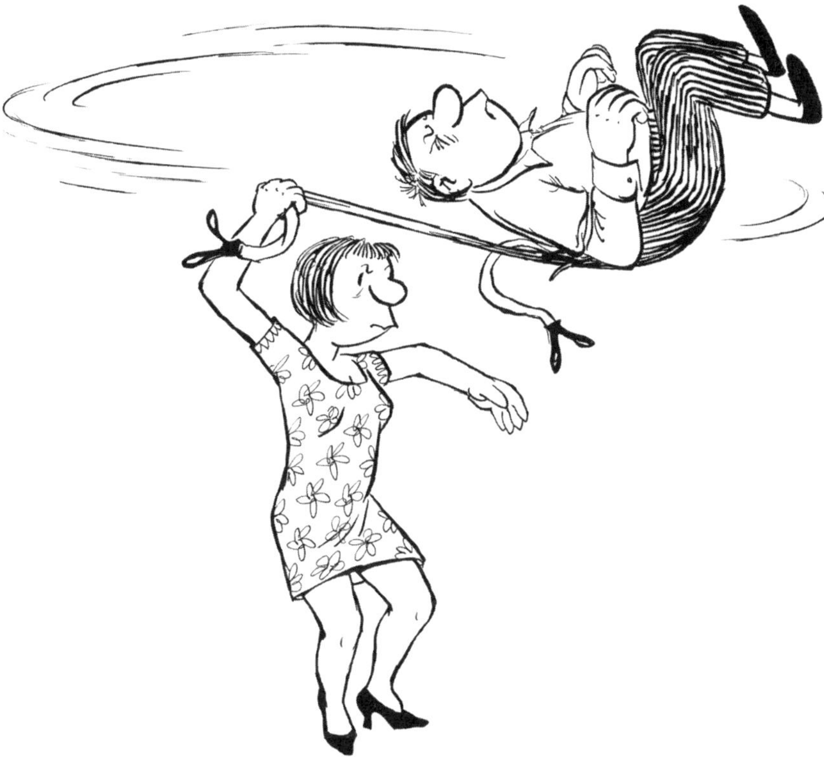

Marita gab Egon zu verstehen, dass sie auf ihn keine großen Hoffnungen mehr setze.

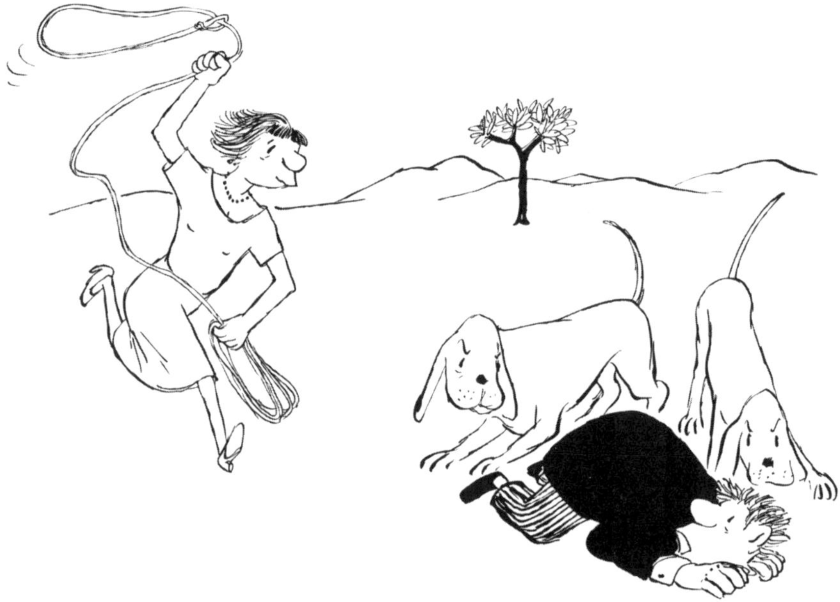

»Ich dachte, es wäre Schonzeit …«

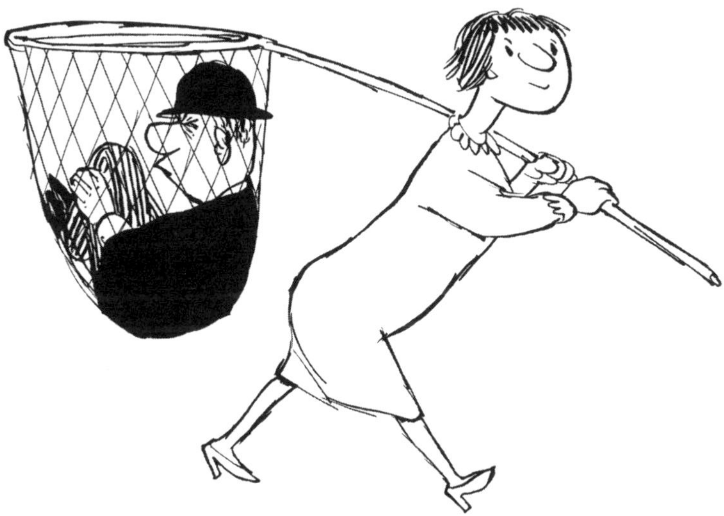

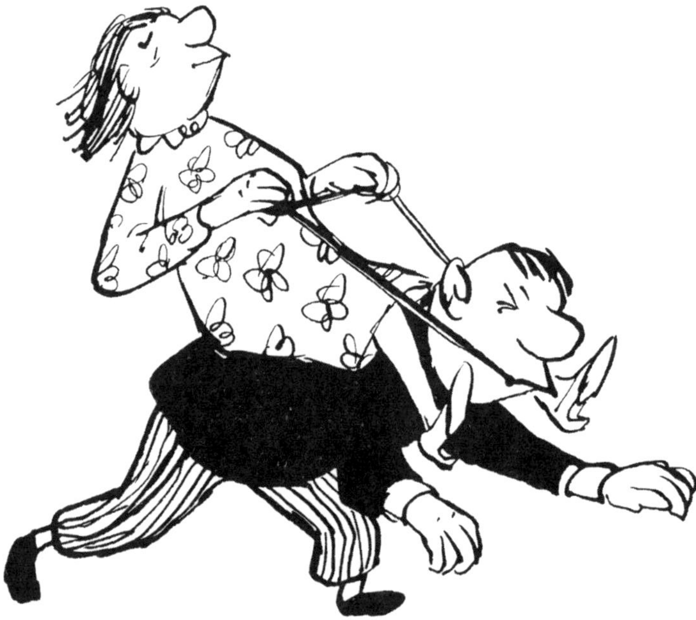

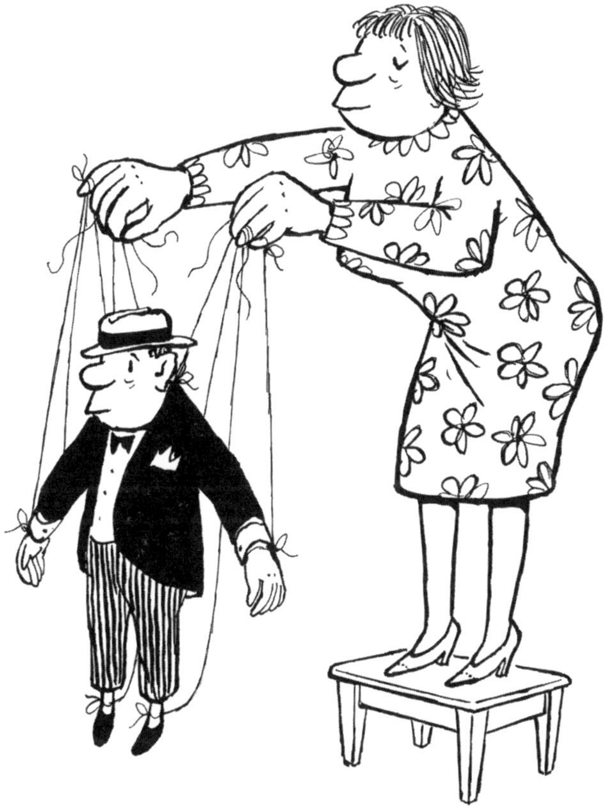

# HERREN AUF BRAUTSCHAU

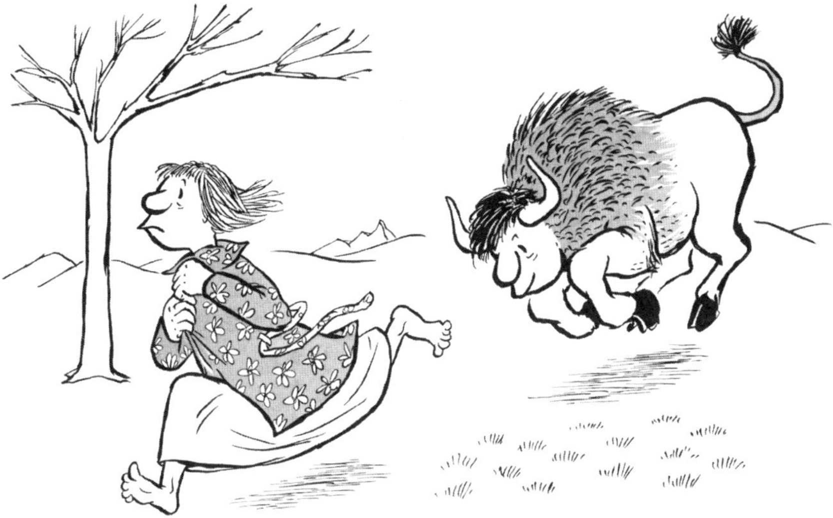

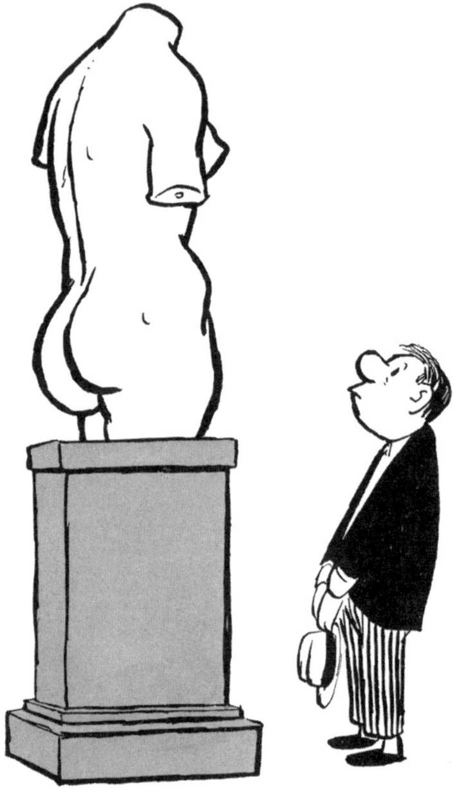

Was eigentlich schätzen Männer an Frauen?

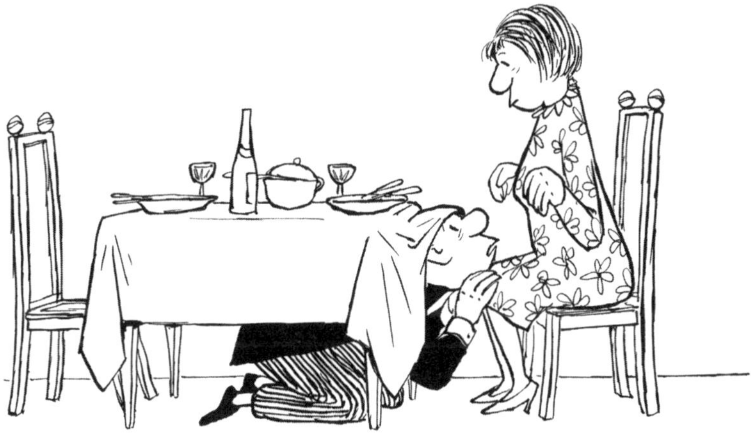

Dem Einnehmen wohlschmeckender Mahlzeiten folgt bei Herren häufig unmittelbar der Wunsch, sich für länger zu binden. In gepflegten Gaststätten sind entsprechende Erklärungen mit äußerster Diskretion abzugeben.

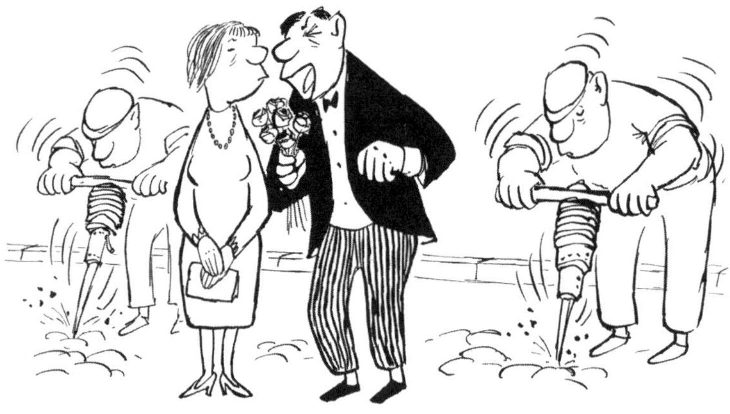

Liebeserklärungen auf offener Straße erfordern sorgfältige Platzwahl, wenn dem leise gehauchten »Du« der angestrebte Erfolg nicht versagt bleiben soll.

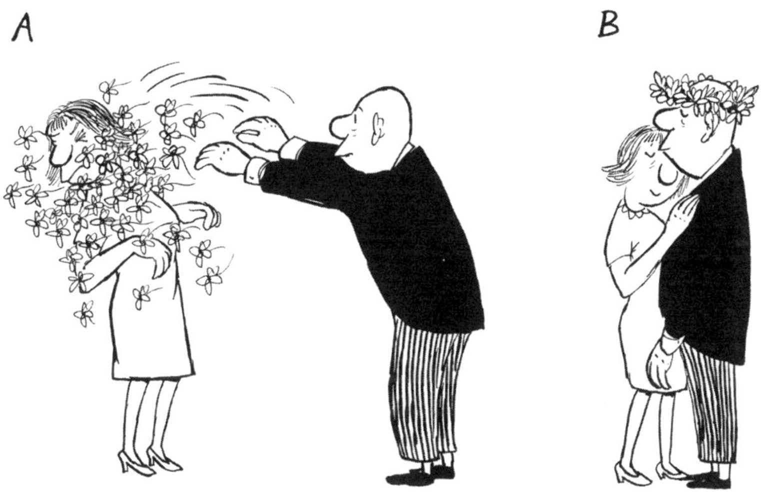


Planloser Einsatz preiswerter Blumen (A) kann vorzeitig zu unüberwindlicher Abneigung führen, wogegen überlegte Verwendung derselben (B) Sie nahezu unwiderstehlich macht.

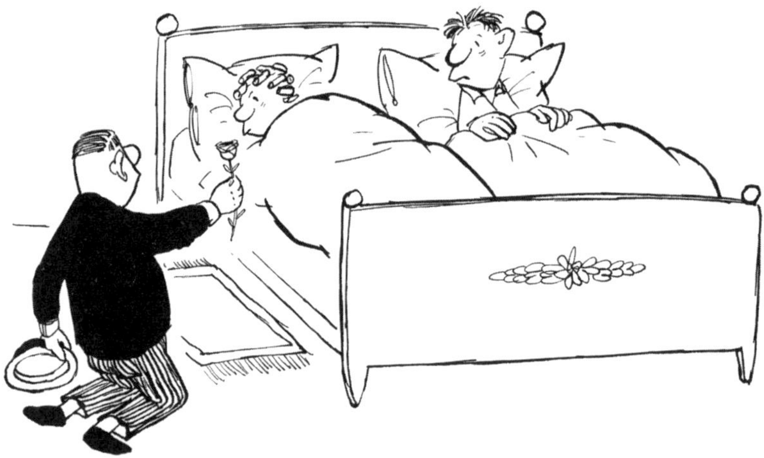

Auch erfolggewohnte Herren übersehen gelegentlich kleine, aber wichtige Umstände, die eine Liebeserklärung nicht ratsam erscheinen lassen.

I

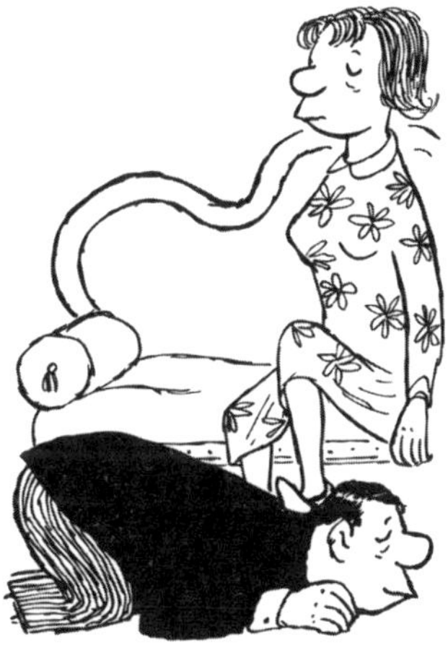

II

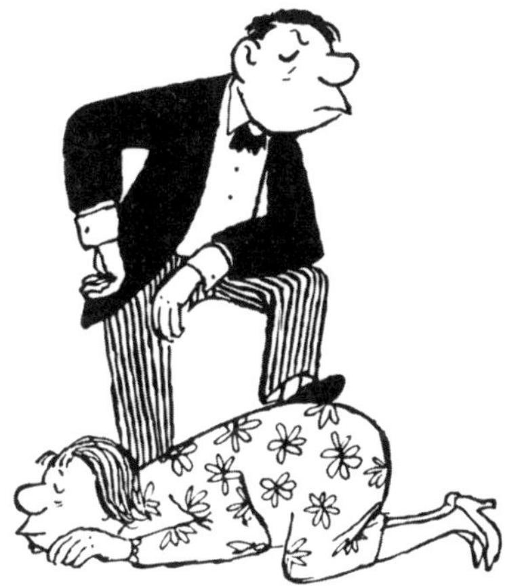

Herren, die sich zu binden wünschen, mögen das Naturell der begehrten Dame beachten. Während in vielen Fällen kluge Unterordnung das Eis bricht (I), führt andererseits oft sicheres Auftreten zum Erfolg (II).

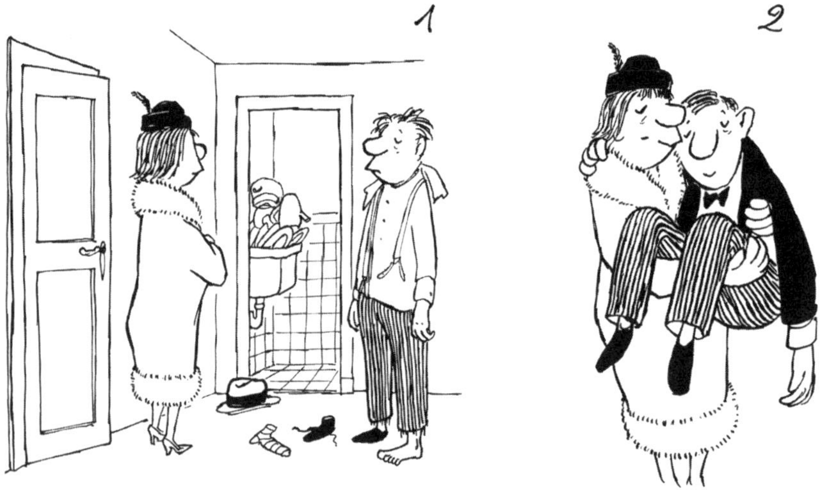


Bei Damenbesuchen wirken kleine Spuren männlicher Hilflosigkeit anregend auf die mütterlichen Instinkte der Geladenen (1). Der Herr auf Bild 2 hat mit dieser Methode sichtlich Erfolg gehabt. Ihn trennen nur noch knappe 15 Minuten vom Bund fürs Leben.

EINST JETZT

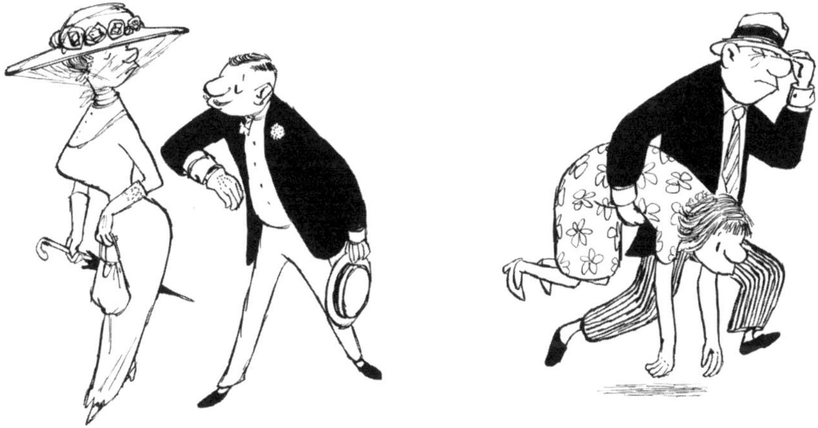

Damen wollen umworben sein. Links im Bilde: Artigkeiten vergangener Tage, die durch ihre Einfallslosigkeit überraschen. Unmissverständliche Sympathie dagegen zeigt sich im Verhalten des Herrn rechts. Tatkraft gepaart mit Phantasie ist eines der vornehmsten Merkmale des Kavaliers alter Schule. (Beachten Sie den Ausdruck glücklichen Stolzes im Auge der Dame.)

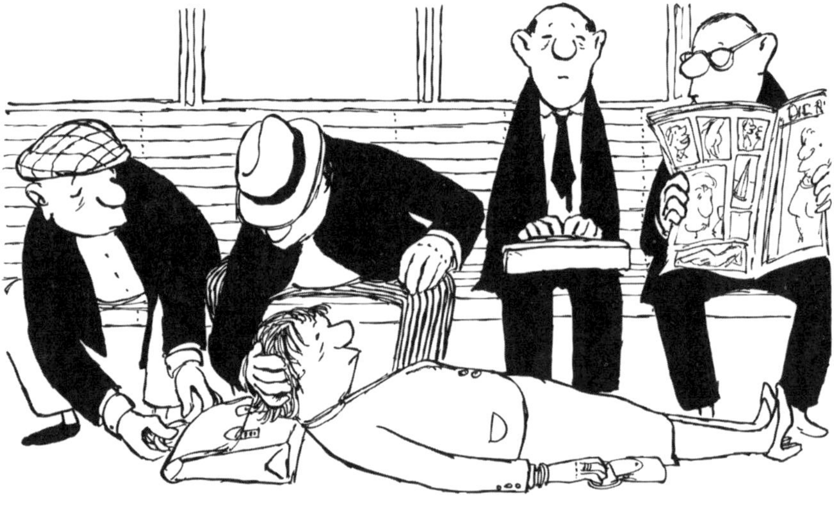

Damen neigen, besonders bei längerem Stehen in überfüllten Verkehrsmitteln, zu Schwächeanfällen. Zeigen Sie freundliche Anteilnahme und lagern Sie den Kopf der Betroffenen hoch. Während der Vorfall auf den vierten Herrn von links seine Wirkung nicht verfehlt, hat sich der Nachbar durch falsch verstandene Diskretion seinen Ruf als Gentleman verscherzt.

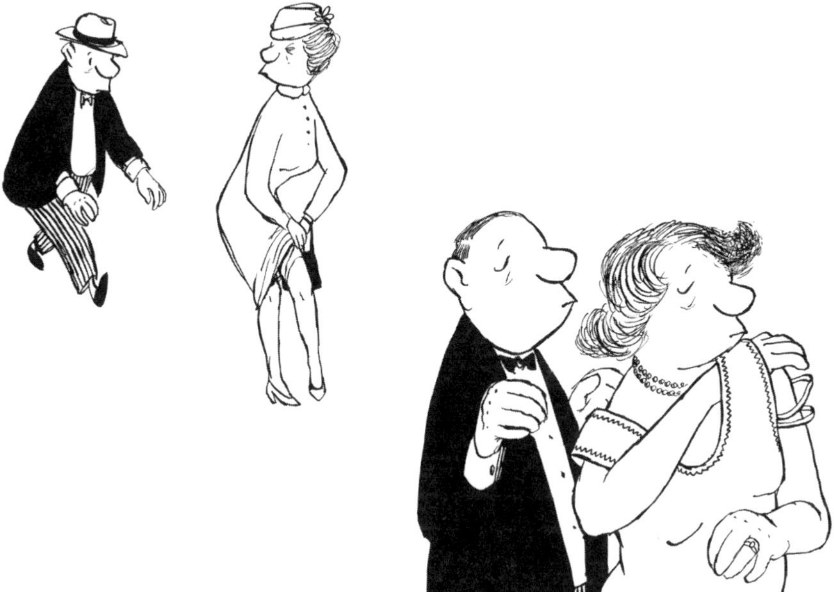

Damen sind in zwei Situationen auf männliche Hilfe angewiesen. Herren von Format beweisen durch schnelles Zugreifen, dass Ritterlichkeit für sie nicht nur ein leeres Wort ist.

A

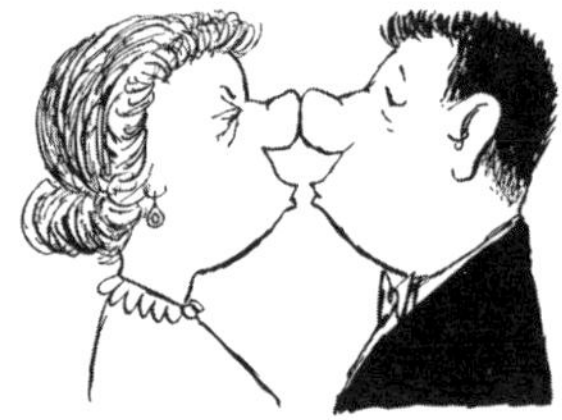

B

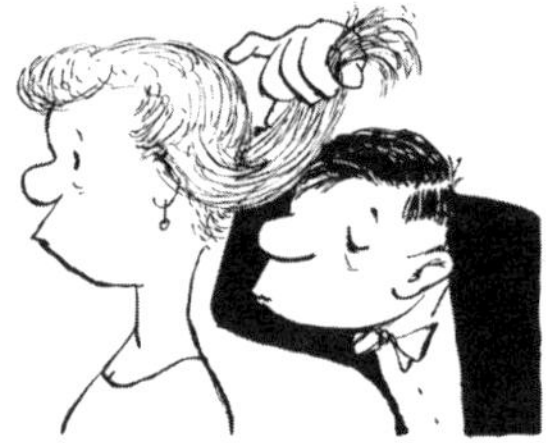

C

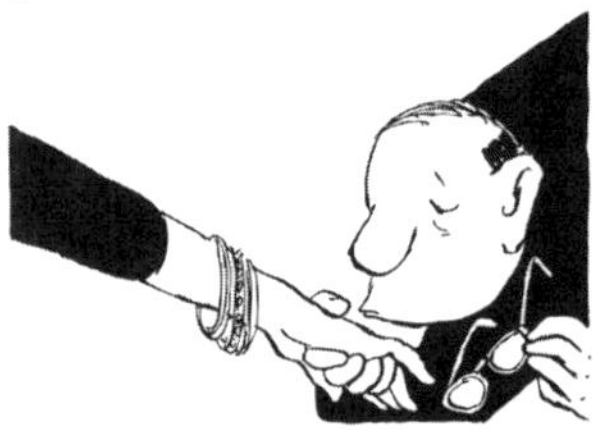

D

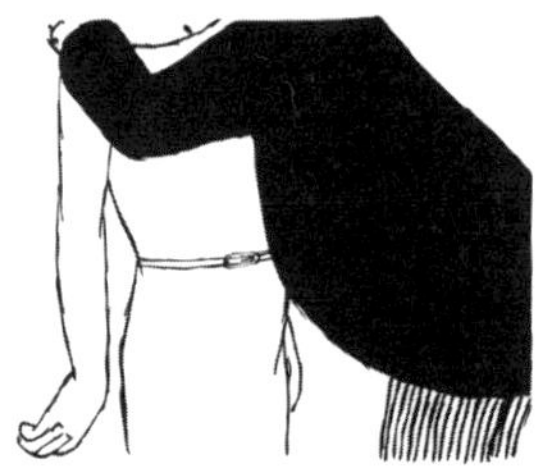

Der Kuss als geselliges Ausdrucksmittel ist aus dem Salon nicht mehr wegzudenken.

A. Falsch: Sie erregen zwar Aufsehen, verraten aber wenig Erfahrung.

B. Diese Form gilt als pikant, findet jedoch nur in Augenblicken zügelloser Fröhlichkeit (Betriebsfeste und dergleichen) Beifall.

C. Falsch: Beim Handkuss Brille nicht abnehmen. Für Nicht-Brillenträger besteht jedoch kein Brillenzwang.

D. Die wirkungsvollste Art. Der gute Ton verbietet eine genauere Darstellung.

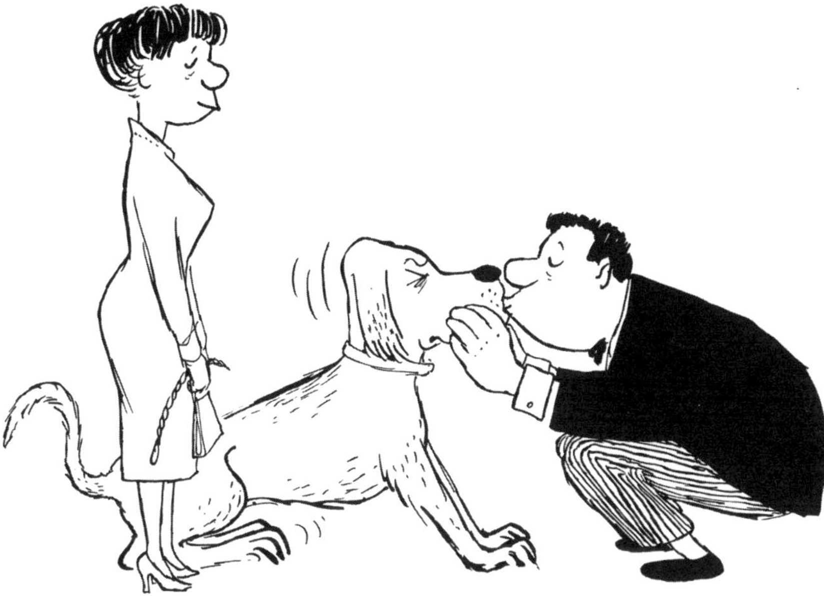

Das Haustier der Erwählten eignet sich vorzüglich zur Überleitung auf intimeres Beisammensein. In vielen Fällen wird die Dame schon unmittelbar anschließend auf Zärtlichkeit bestehen.

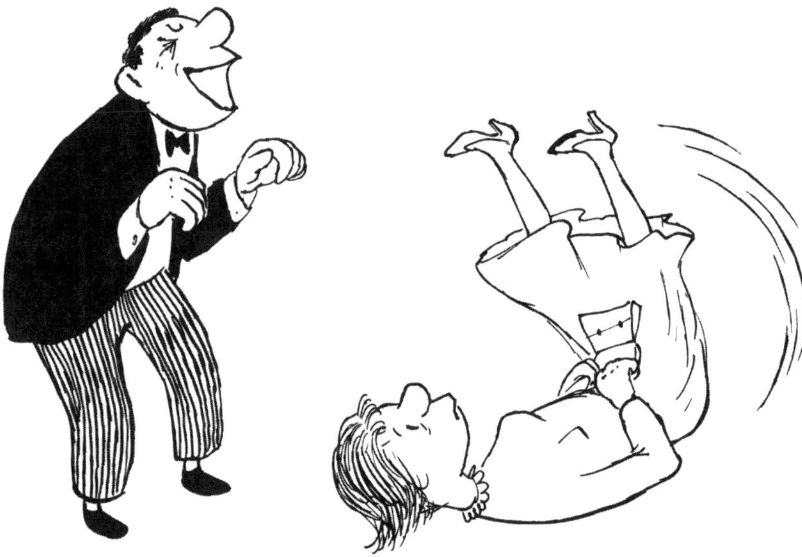

Niemals soll der Herr den Humor verlieren. Auch in heiklen Fällen muss er die Lage mit überlegener Heiterkeit meistern. Nur so ist man bald der erklärte Liebling der Damenwelt.

1

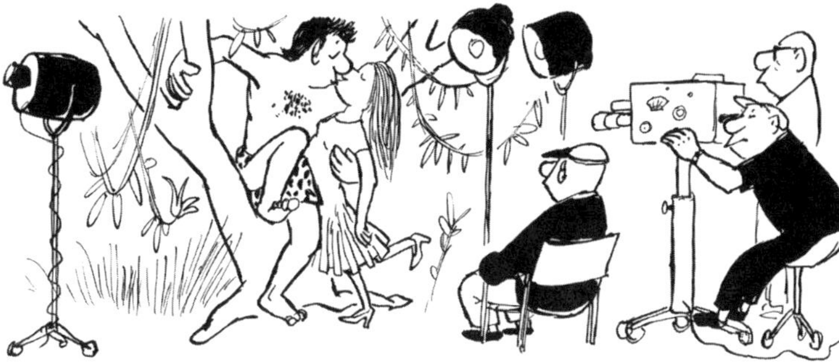

2

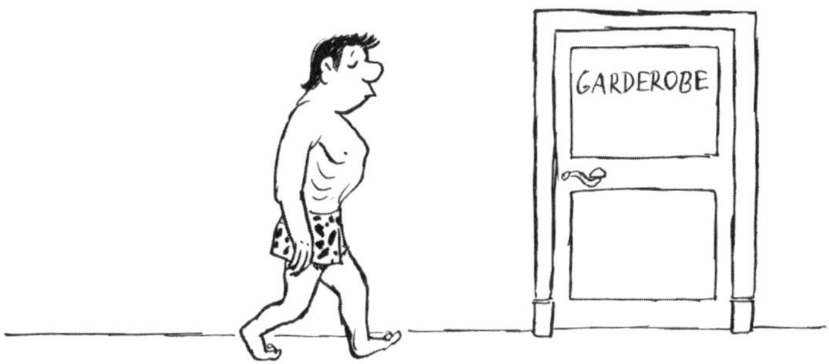


3

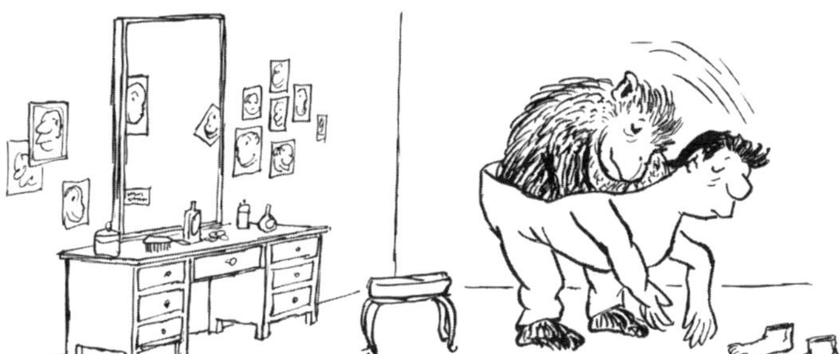

# VERLOBUNG MIT POPPE

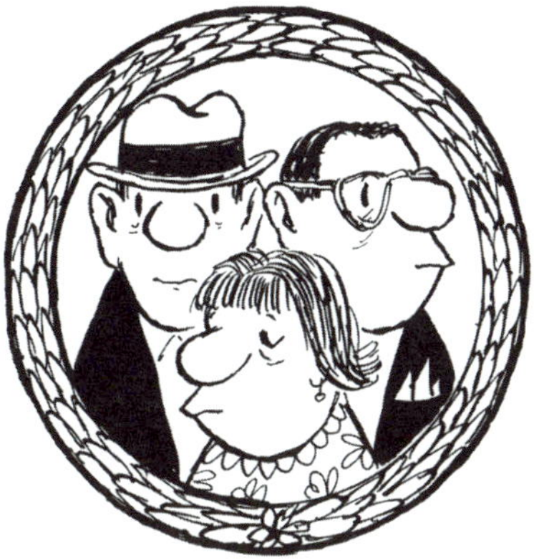

»Ehe ohne Reue« ist das Leitmotiv von Poppes Verlobungsdienst. Enthemmungskurse für junge Leute, deren Herzen schwer zueinanderfinden, praktische Ratschläge in Dingen, über die man nicht spricht, und ungewöhnliche Testmethoden zur richtigen Partnerwahl gehören zum Programm dieser neuen Abteilung des Hauses Poppe. Anmeldungen zum Frühjahr sofort erbeten, da mit Andrang zu rechnen ist. März und April sind ausgebucht.

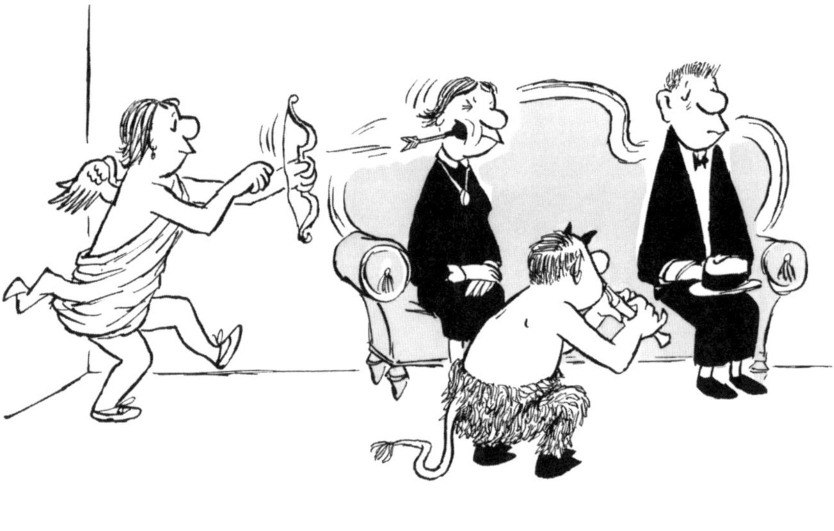

Volljährigen Damen und Herren von romantischer Wesensart, aber nur mangelhaft erblühtem Eros, steht Poppes Verlobungsdienst nach klassischem Vorbild ebenso dezent wie nachdrücklich zur Seite. Der selbstlose Einsatz von Fräulein Kleinschmitt und W. C. Poppe (auch sonn- und feiertags) bürgt für sicheren Erfolg.

A

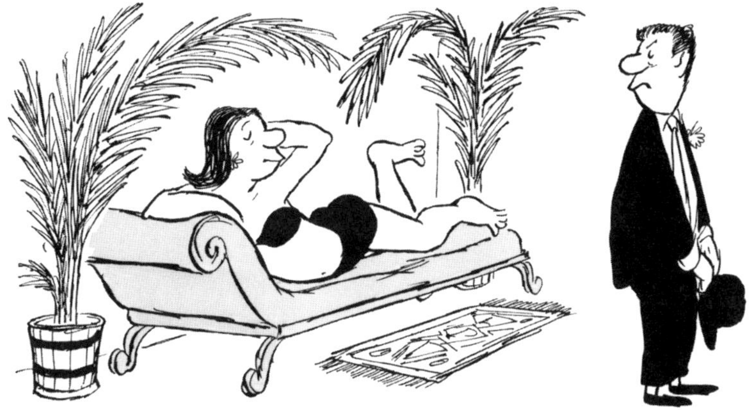

B

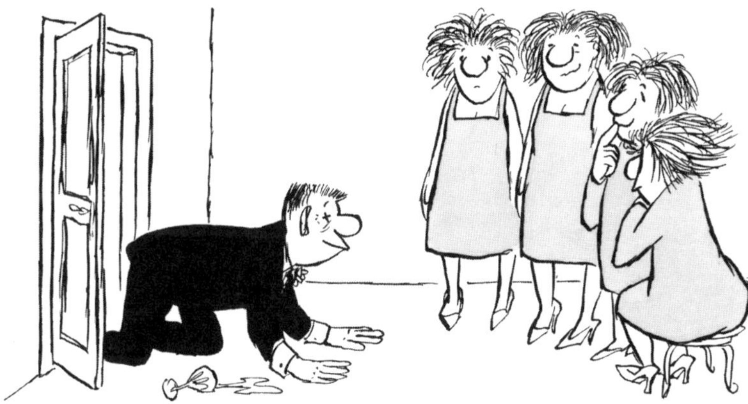

Für junge Männer aus gutem Hause, die auch gegenüber erstklassigen Damen in künstlerischer Dekoration nur Langeweile oder Abscheu empfinden (A), hält Poppes Verlobungsdienst eine wohlschmeckende Vitaminkur bereit. Drei Tropfen auf zwei Liter Tarragona genügten Herrn Walter D. vollauf, um mehrere Töchter eines Mannheimer Polizeimeisters in die engere Wahl zu ziehen (B).

A

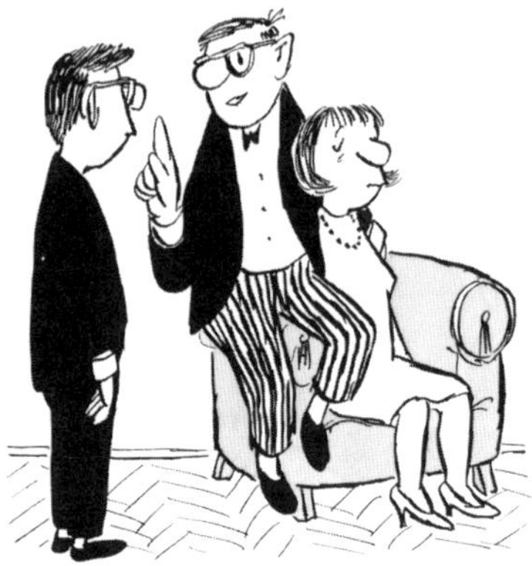

B

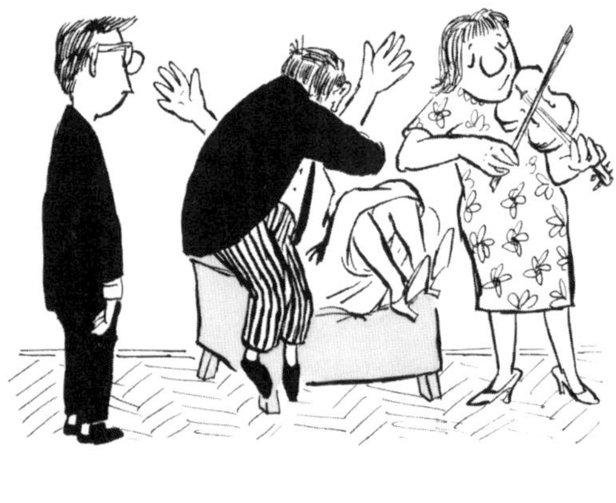

In Fällen, wo guter Wille, jedoch keinerlei praktische Kenntnisse in Verlobungsfragen vorausgesetzt werden können (A), ist es W. C. Poppe (MITTE) gegen geringe Mehrkosten möglich, den angehenden Verlobten (LINKS) in das Elementarpensum einzuarbeiten (B). Auf Wunsch mit Musik.

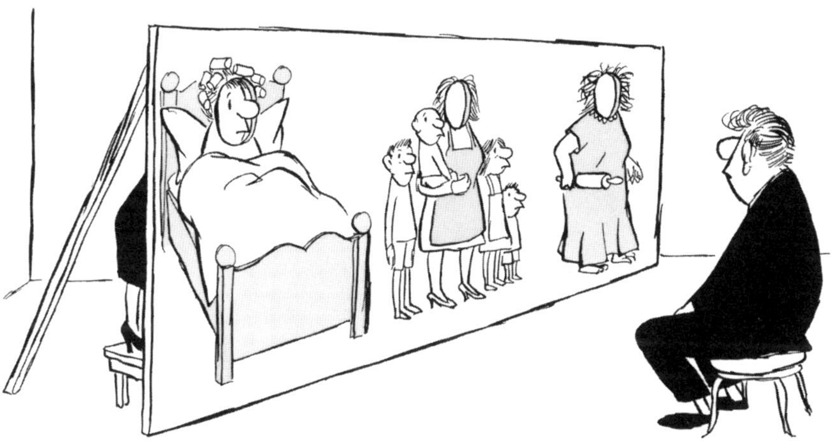

Poppes Partnertest ermöglicht allen Herren, die hinsichtlich einer längeren Bindung noch Bedenken haben, sensationelle optische Aufschlüsse. Durch Poppes Breitwandgenerator werden Bräute um Jahrzehnte gealtert. Merke: *Für einen Poppe gibt es kein Unmöglich!*

# DIE EHE

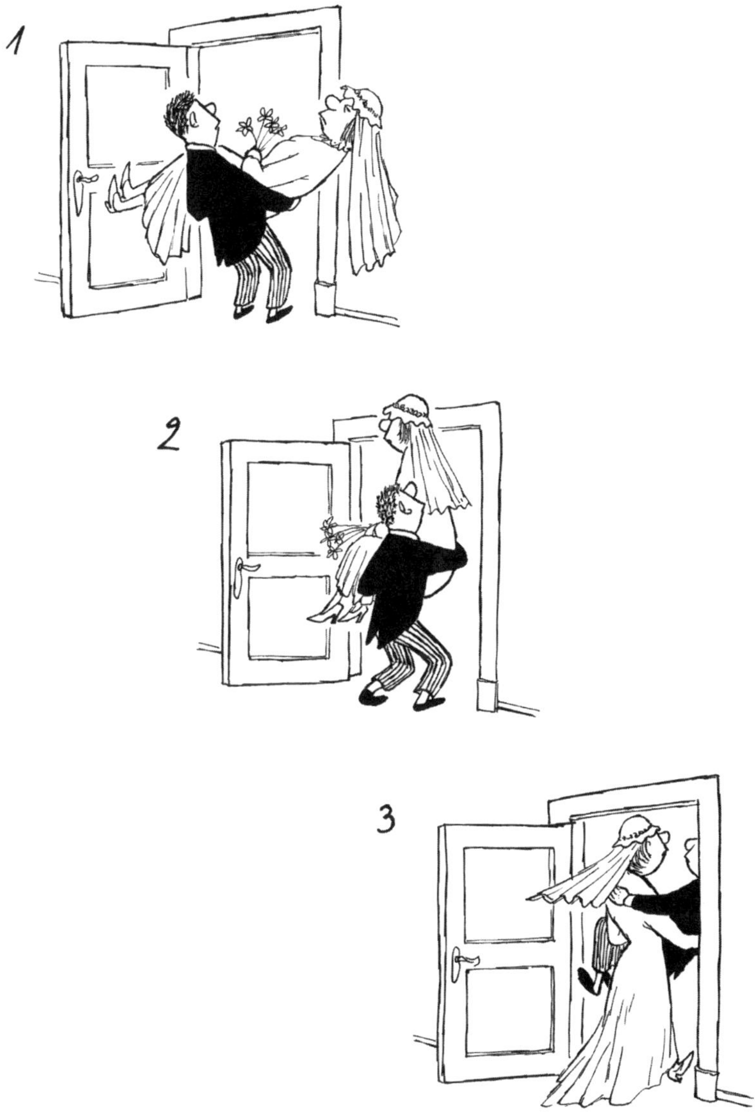
1
2
3

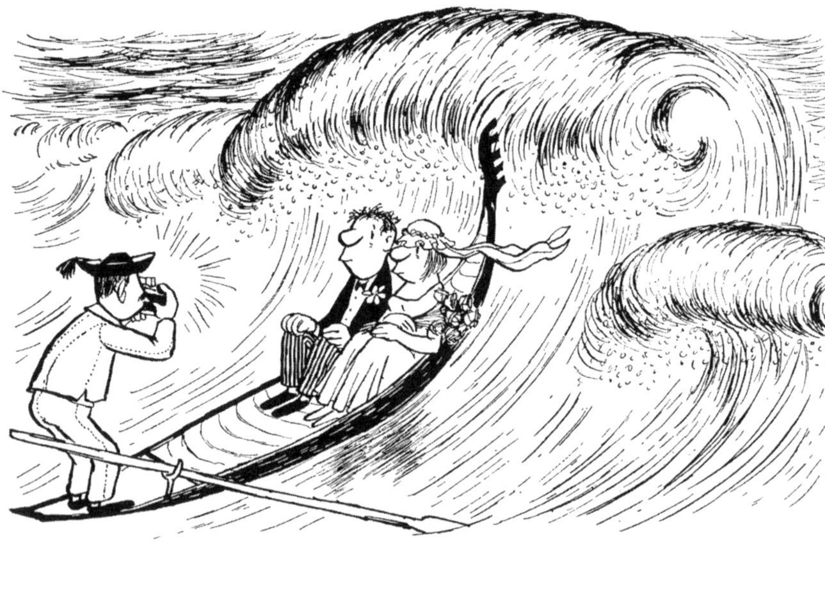

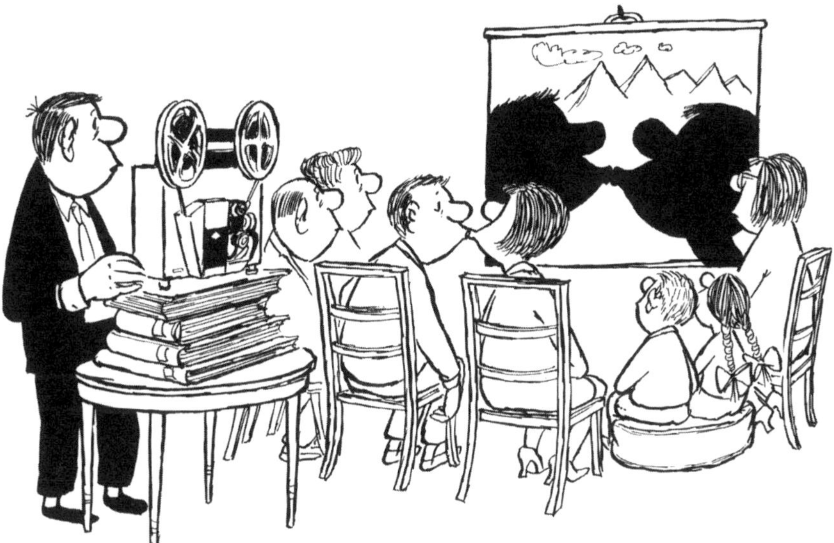

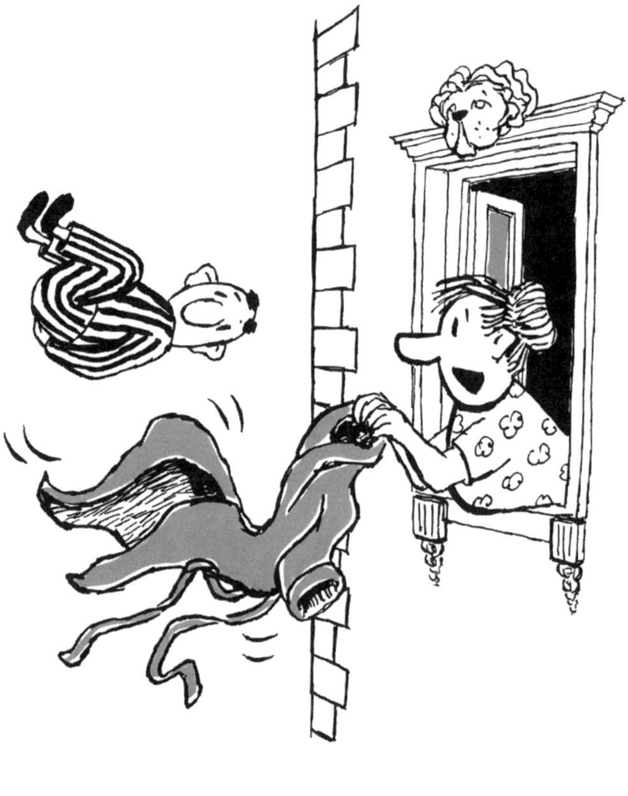

»Ach *da* bist du – und ich suche dich schon den ganzen Morgen.«

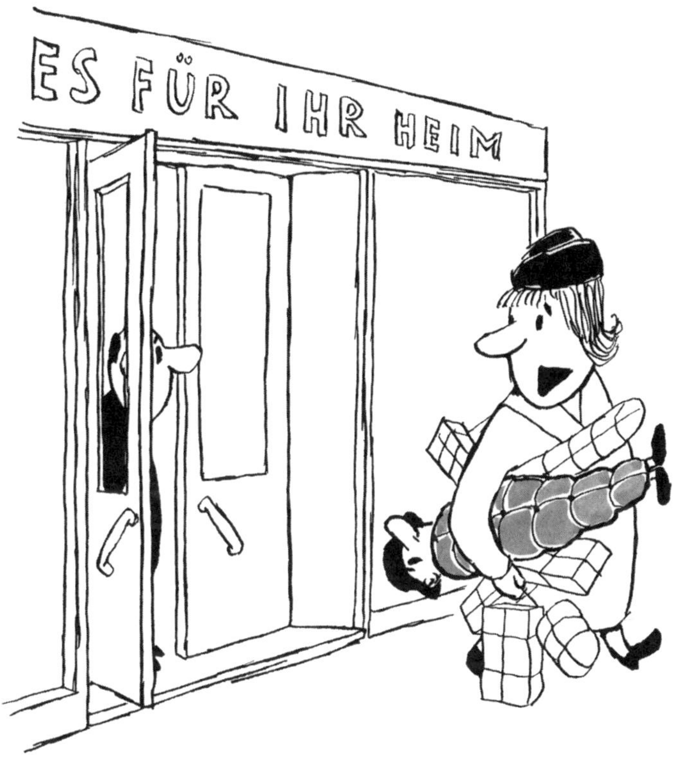


»Meinen Mann haben Sie wohl auch nicht gesehen, was?«

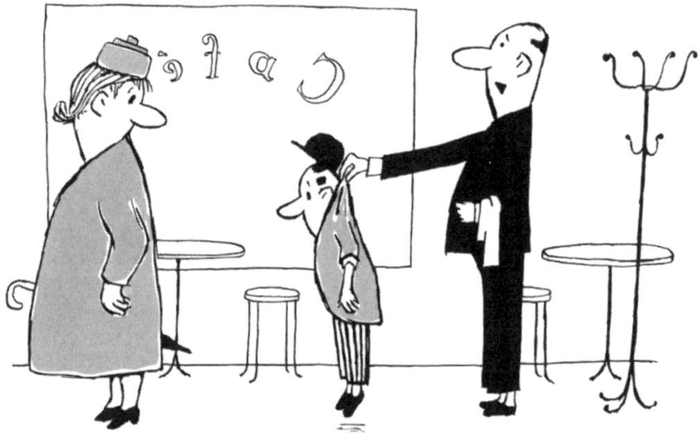

»Haben *Sie* das hier liegen lassen?«

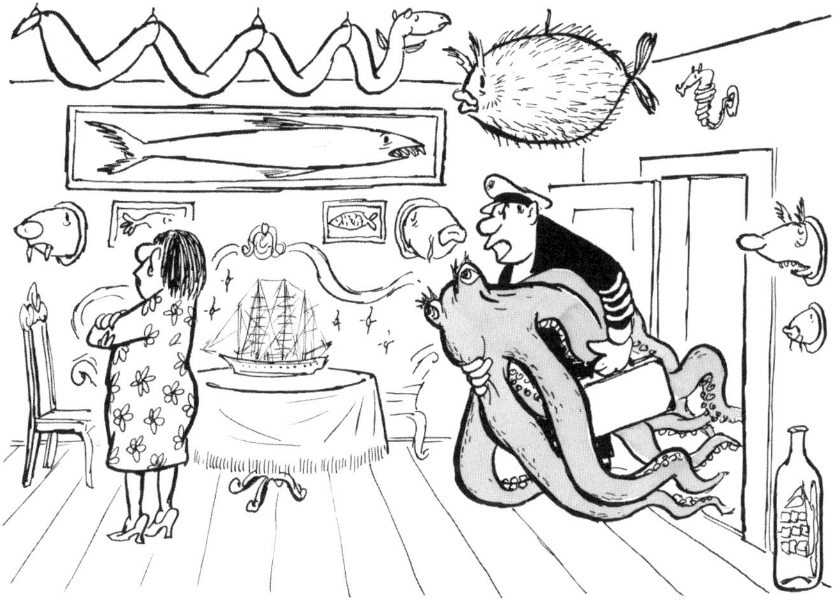

»Man kann dir wirklich mit nichts mehr eine Freude machen.«

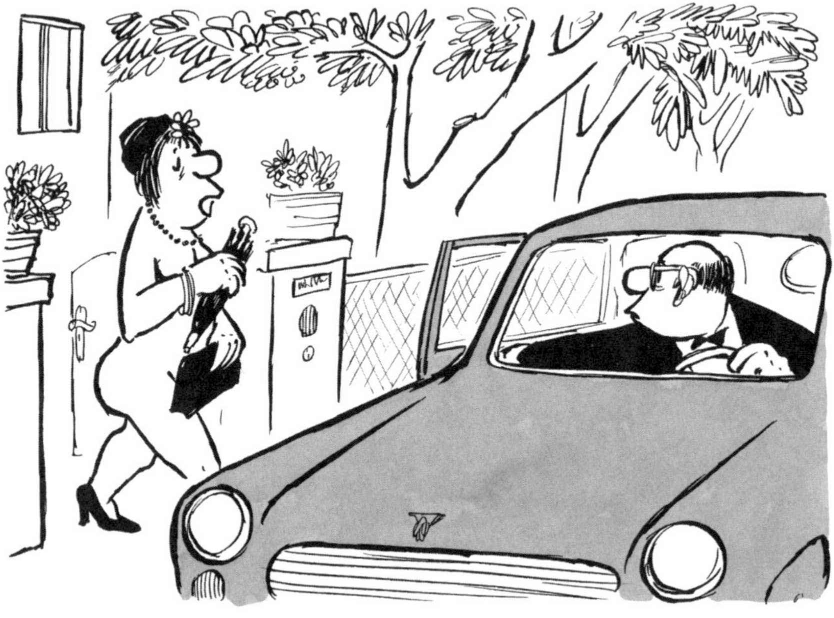

»Ich sagte dir ja schon immer: Ich hab' einfach nichts anzuziehen.«

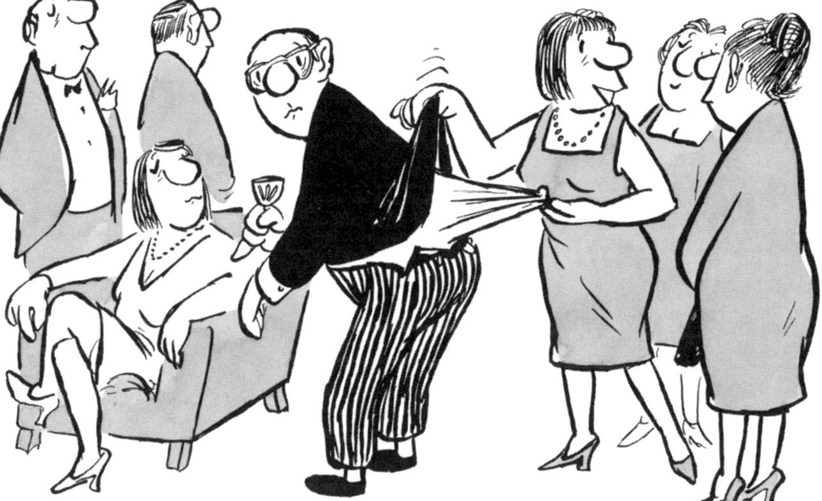

»Kein Mensch merkt, dass ich da ein Stück angesetzt habe …«

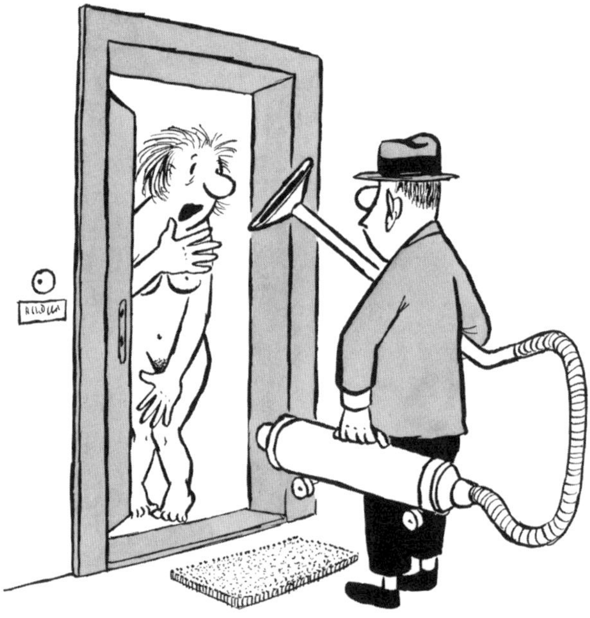

»Oh – ich dachte, es sei die Post …!«

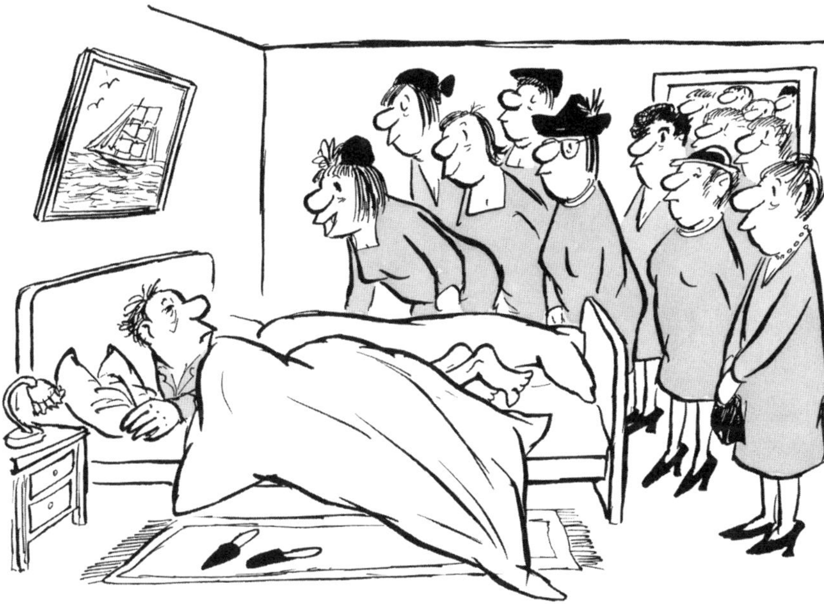

»Du wolltest doch schon immer die netten Mädchen aus meiner Klasse kennenlernen!«

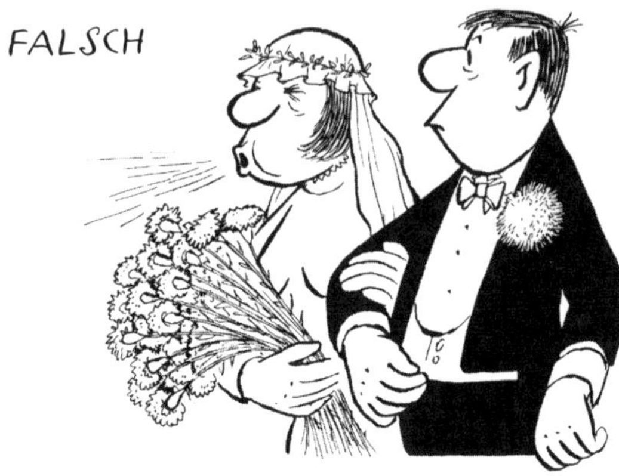


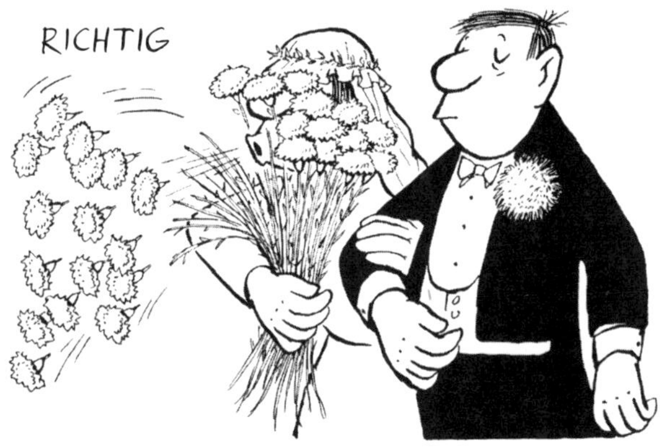


Bellender Husten der Braut stört den feierlichen Ablauf der Trauungszeremonie. Diskretes Verbergen des Anfalls im mitgeführten Blumenschmuck beweist Stilgefühl und Herzenstakt der angehenden Gattin.

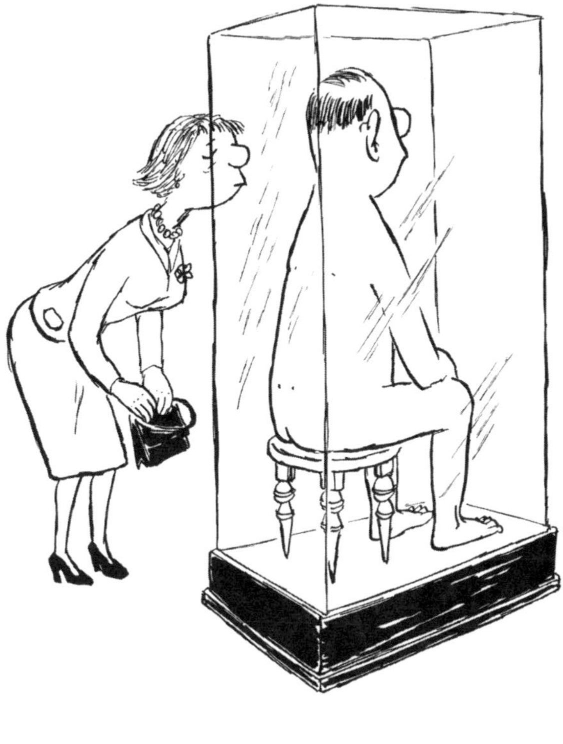

Eine Ehe kann nicht glücklich werden, wenn der Gatte
in blinder Unwissenheit gewählt wurde.

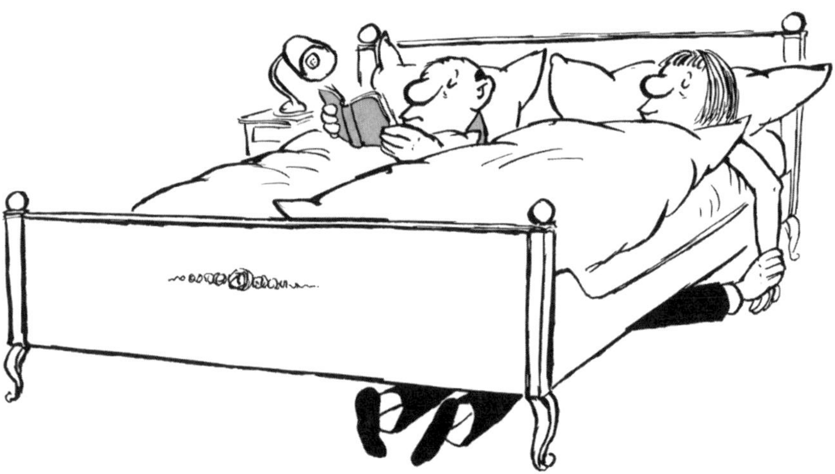

Von hundert Männern zeigen achtzig kein Interesse
für die Probleme ihrer Frau.

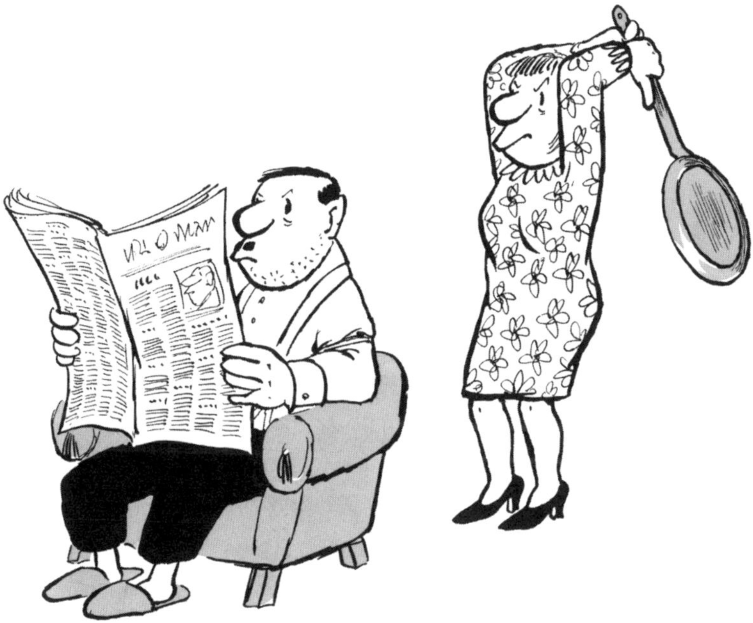

Nur neunzehn von hundert Männern ahnen,
was im Kopf ihrer Frau vorgeht.

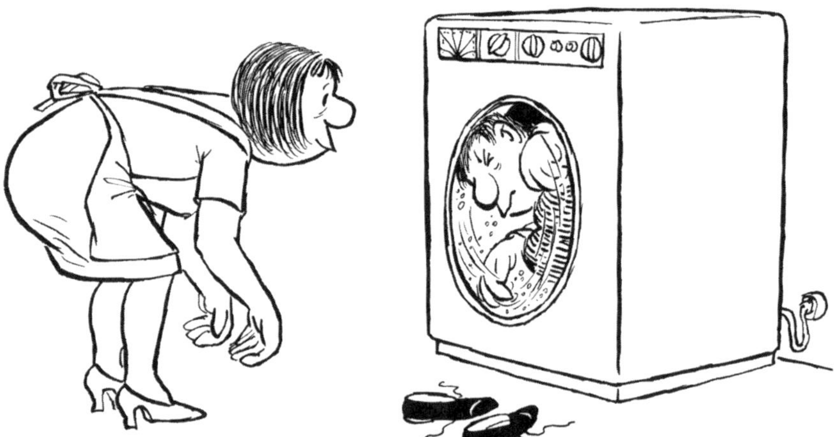

Sie entwickelte einen Sauberkeitsfimmel …

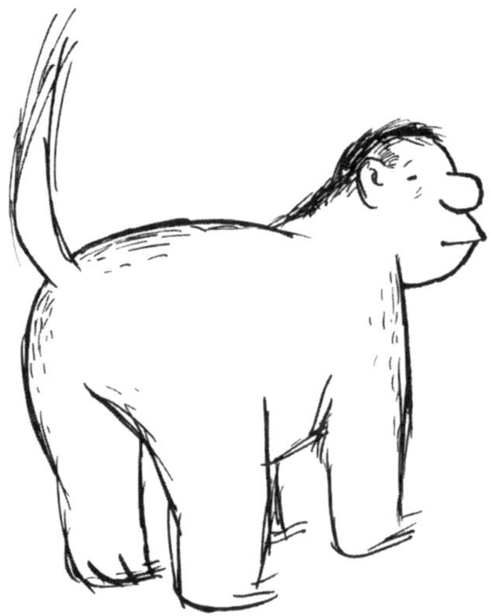

Zum Glück sind Männer äußerst einfache – um nicht zu sagen primitive – Lebewesen.

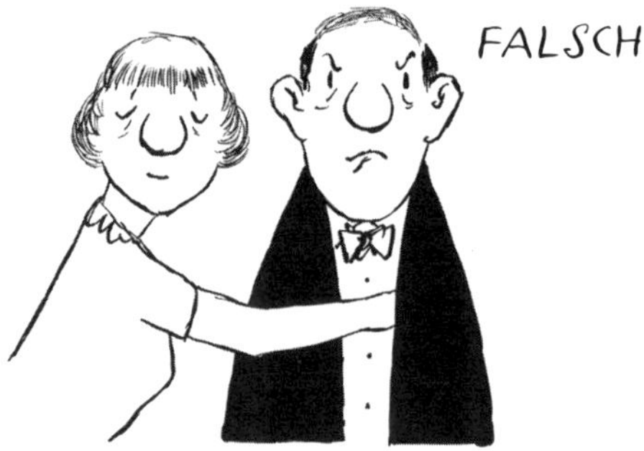


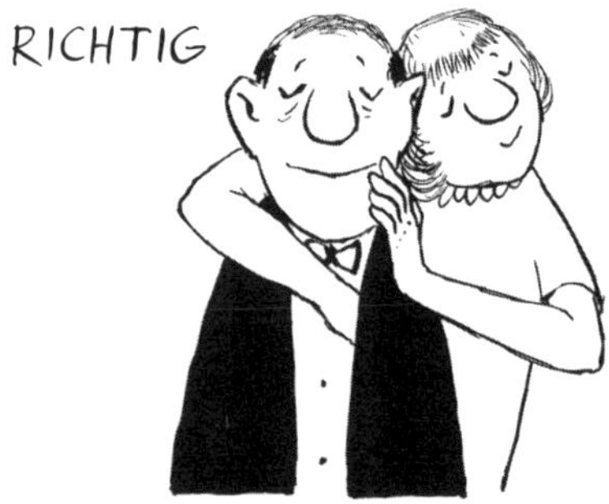


Beim Griff nach der Brieftasche gefährden schon Nuancen den Zauber der ehelichen Harmonie.

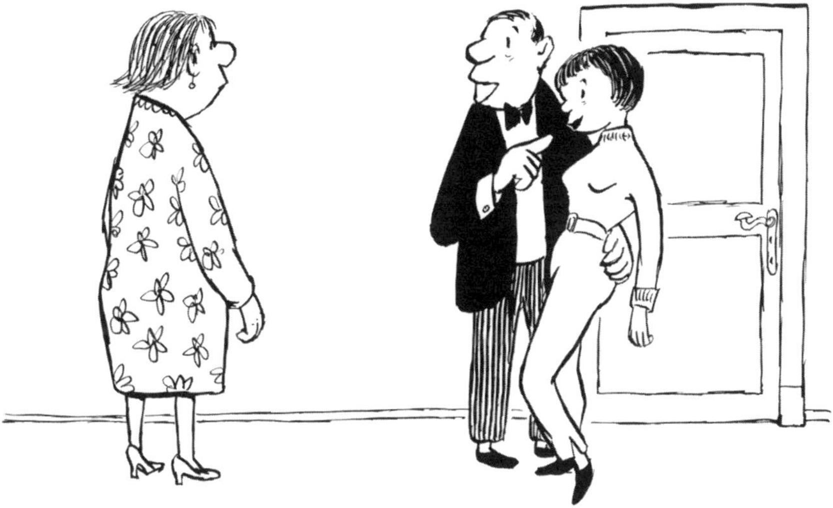

Der aufmerksame Gatte führt seine engsten Mitarbeiter aus dem Büro in das Privatleben ein und erfüllt damit seiner Gattin einen lang gehegten Wunsch.

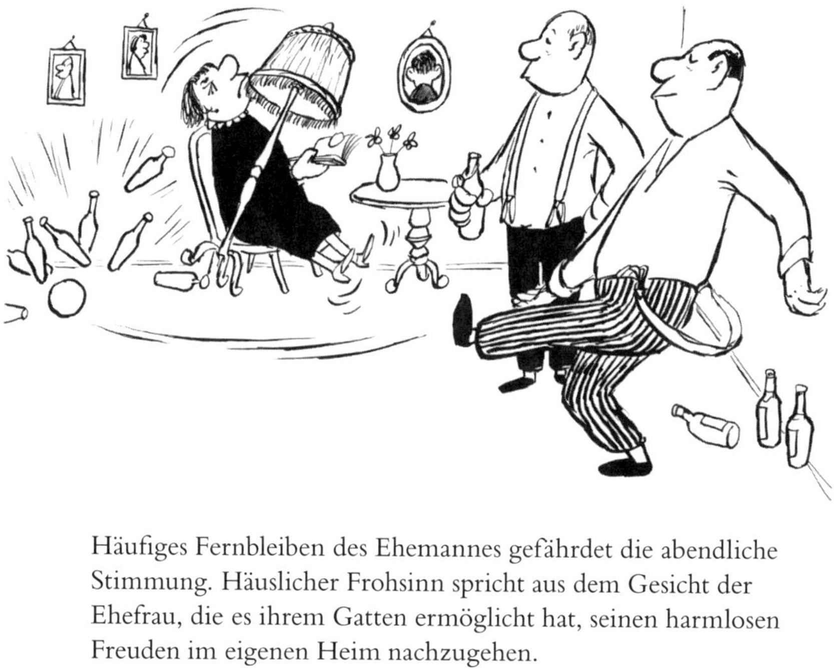

Häufiges Fernbleiben des Ehemannes gefährdet die abendliche Stimmung. Häuslicher Frohsinn spricht aus dem Gesicht der Ehefrau, die es ihrem Gatten ermöglicht hat, seinen harmlosen Freuden im eigenen Heim nachzugehen.

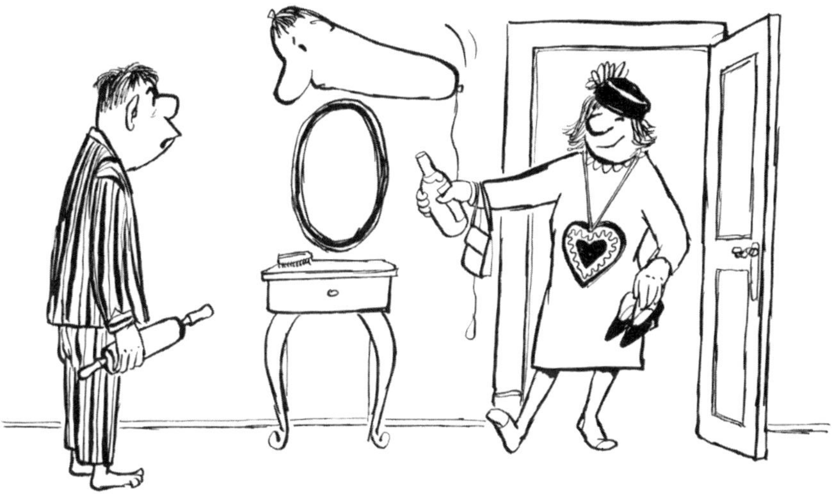

Andererseits kann sich die einfühlsame Gattin auch den Gewohnheiten ihres Mannes anpassen. Merke: *Geteilte Freude ist doppelte Freude.*

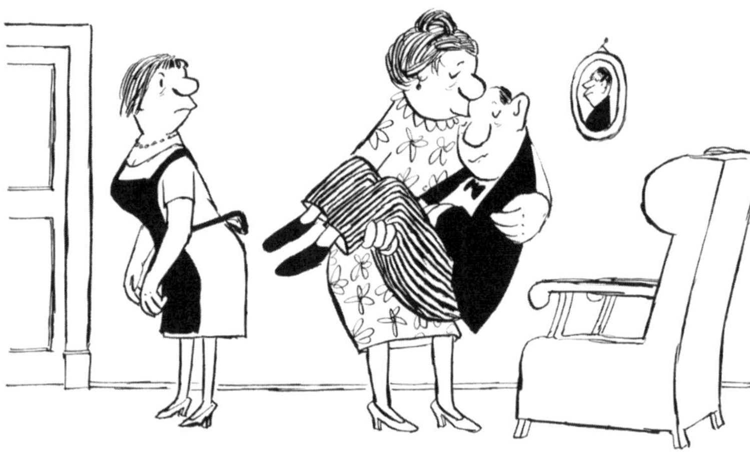

Kluge Mütter werden sich die Wartung ihres Sohnes auch nach dessen Verehelichung vorbehalten. Nur so bereiten sie der Schwiegertochter jene Alltagsfreude, die der häuslichen Harmonie den letzten Glanz verleiht.

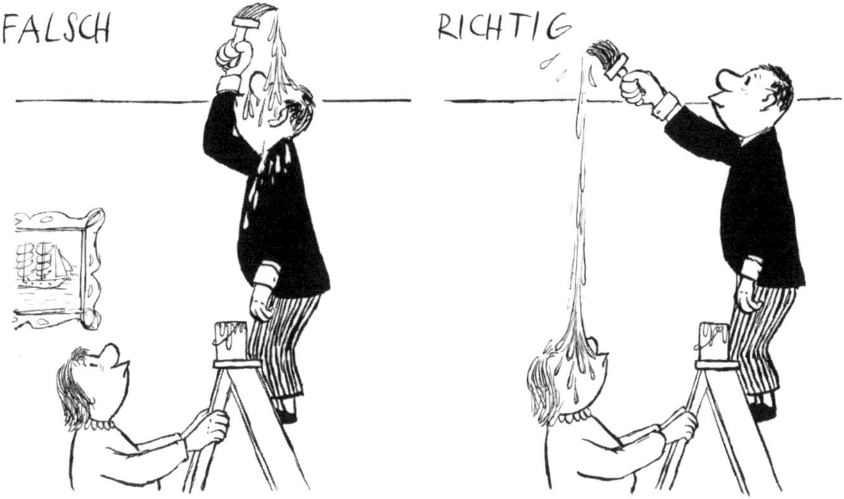


Oft ergänzen sich Ehepaare beim Streichen der Zimmerdecke in anmutiger Weise. Anfängliche Ungeschicklichkeiten weichen bald der erwünschten Routine.

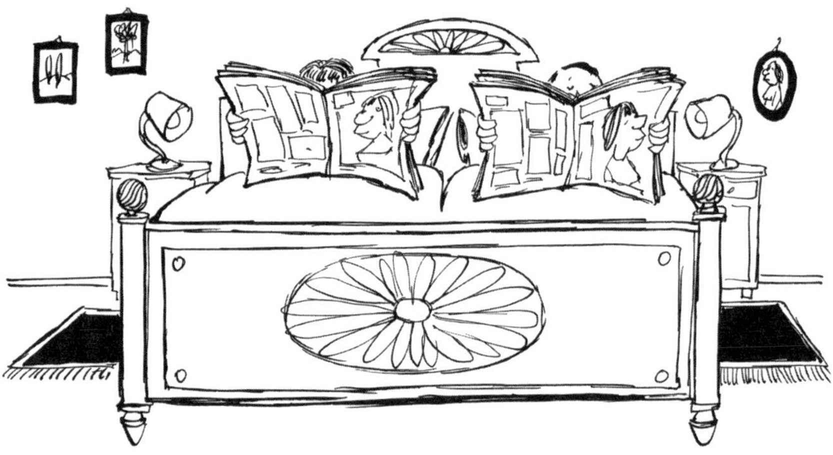

Auch bewährten, eingespielten Ehen droht keine Langeweile, wenn man rechtzeitig um unterhaltsamen Lesestoff besorgt ist. Merke: *Leitartikel fördern Meinungsverschiedenheiten.*

1

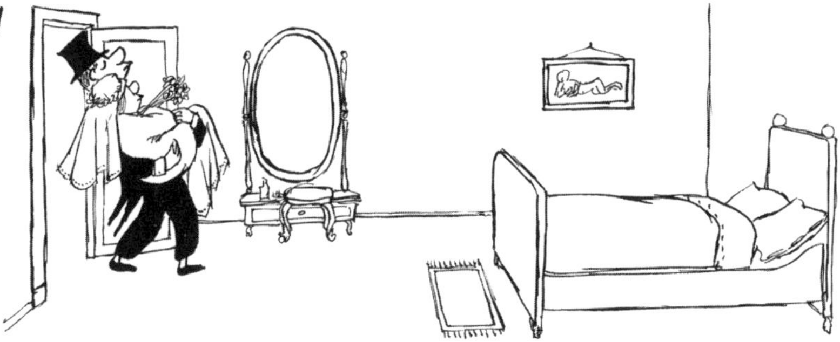

2

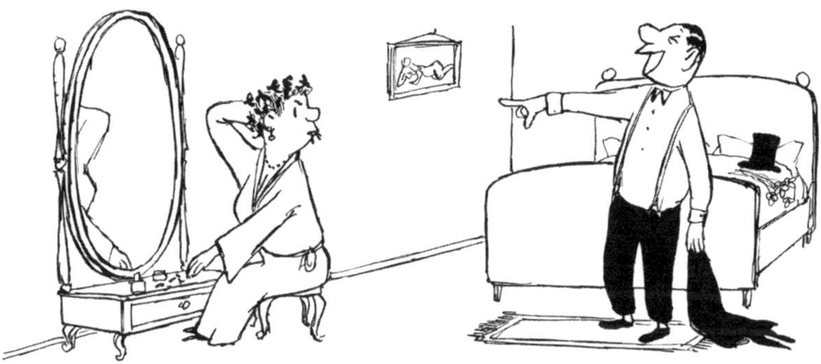

3

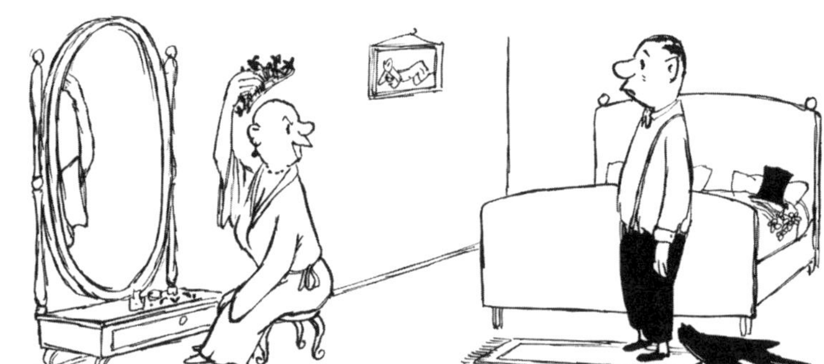

# ÜBERWINDUNG DER EHEKRISE

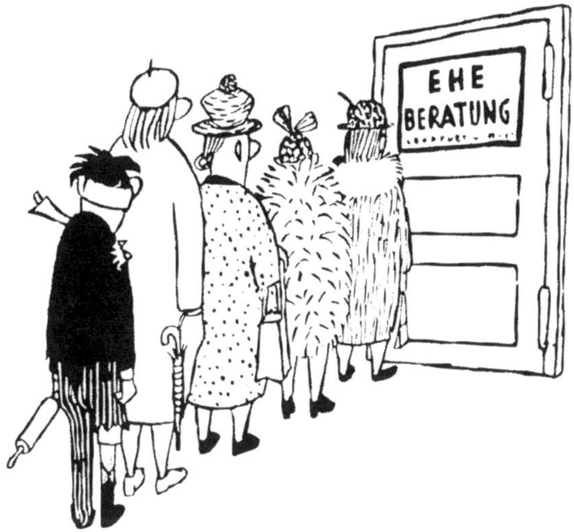
EHE
BERATUNG

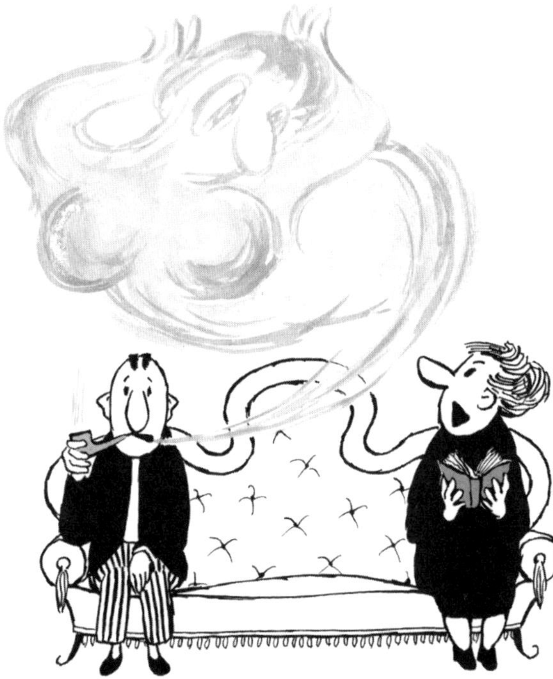

»Ich glaube, du solltest mal einen anderen Tabak probieren ...«

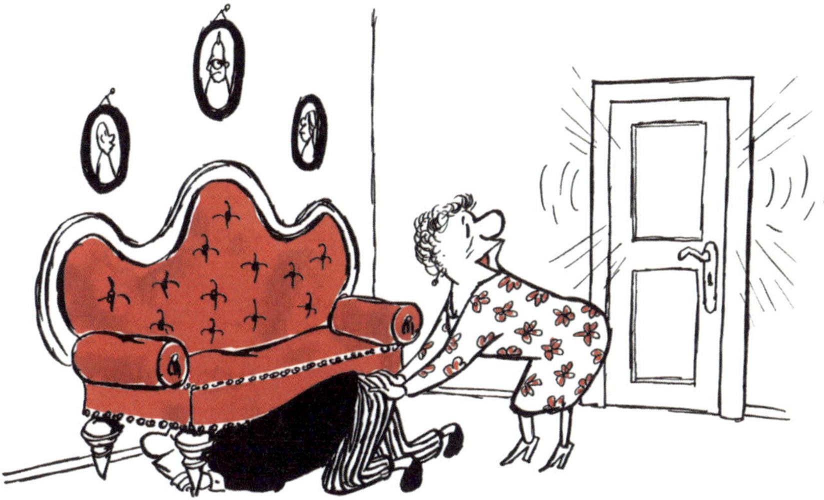

»Moment – ich habe auch meine kleinen Geheimnisse!«

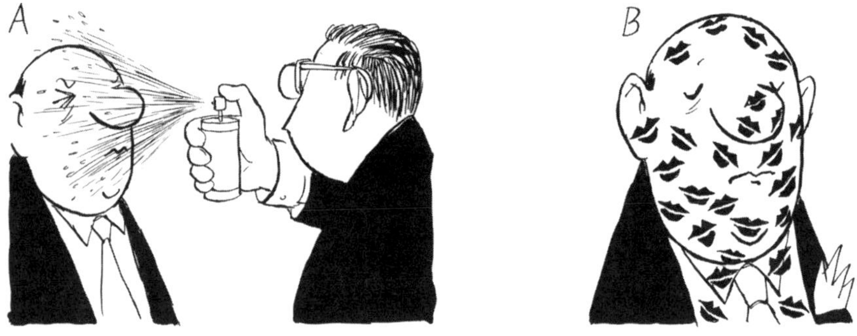


Verdachtsmomente in Ehekrisen bestätigt ein Spezialpräparat in handlicher Spraydose. Wenige Minuten nach der Anwendung bei einem Düsseldorfer Großindustriellen (A) waren die Spuren unerlaubter Kontakte deutlich sichtbar (B).

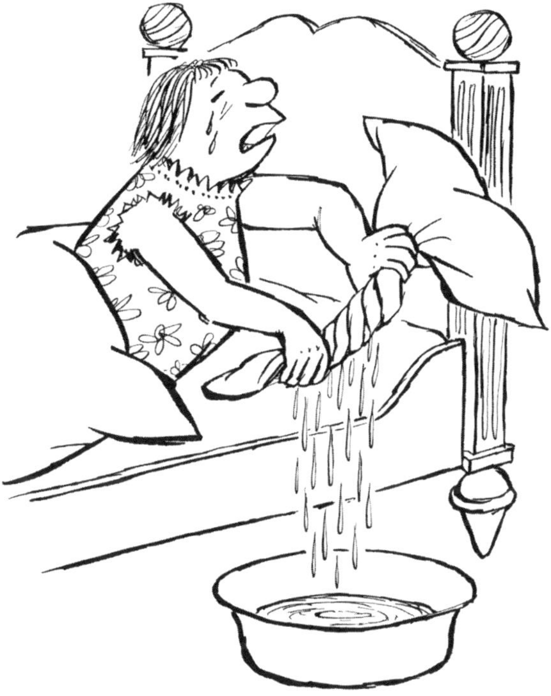

Ihr Gatte muss den Eindruck erhalten, dass Sie schon stundenlang geweint haben.

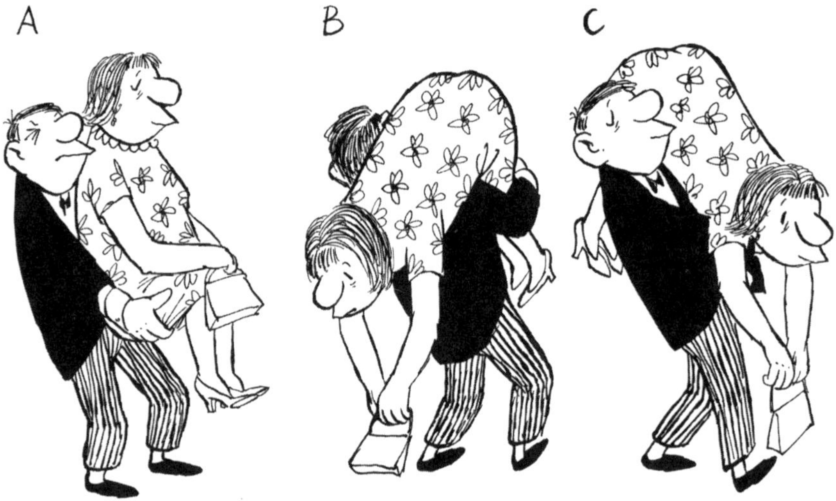


Um die gefürchtete Ehekrise schon im Keime zu ersticken, ist es erforderlich, den weiblichen Partner auf Händen zu tragen. Die Tatsache, dass auch füllige Ehefrauen dieser Annehmlichkeit teilhaftig werden möchten, zwingt zu durchdachtem Einsatz der vorhandenen Kräfte. Die ideale Schrägstreckhaltung (A) macht nach vier bis fünf Sekunden ernste Schwierigkeiten. Der gebräuchliche Schulterschwung (B) wirkt kräftesparend, ist jedoch weniger elegant als der Kopfvorhaltegriff (C), der den gemeinsamen Blick nach vorn ermöglicht.

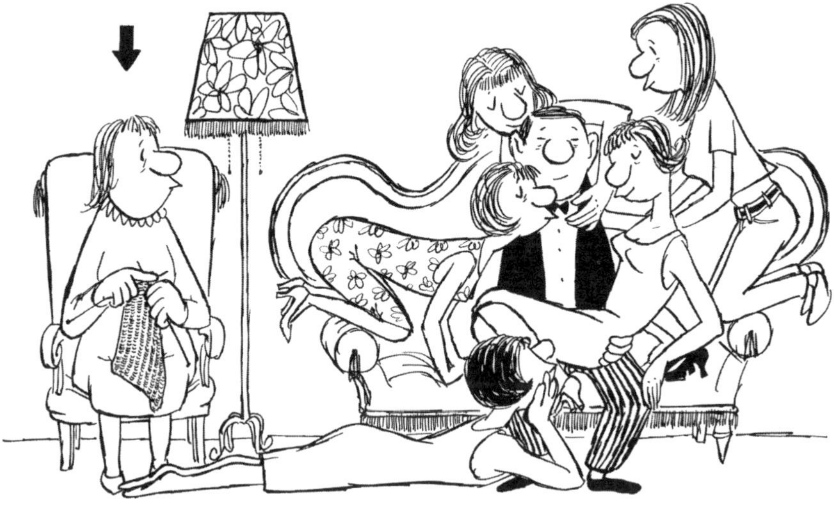

Unverständnis der Ehefrau (PFEIL) für die angeborenen Neigungen ihres Gatten ist nur allzu oft die Ursache für verfrühte Entfremdung. Wohlwollende Duldung der Lieblingsbeschäftigung des Hausherrn bietet die Gewähr für ein harmonisches Beisammensein.

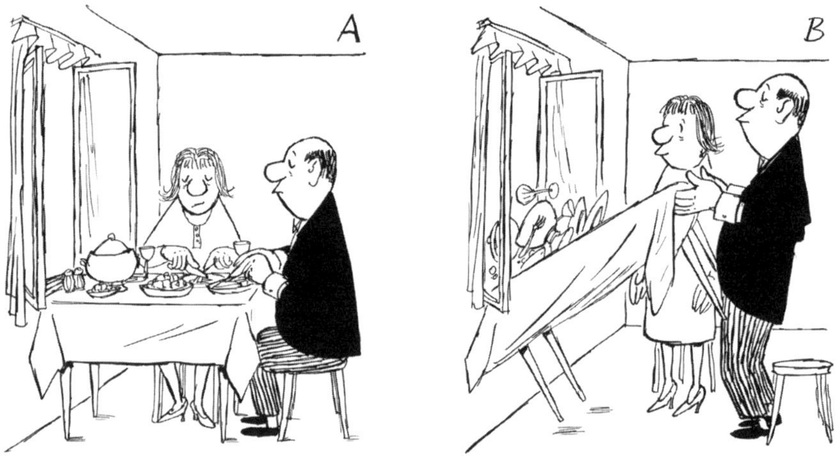


Viele Hausfrauen finden während des Abwaschens grobe Worte gegen den Ehestand, die meist eine dauerhafte Verstimmung zur Folge haben. Hier kann der Ehegefährte im Anschluss an die liebevoll bereitete Mahlzeit (A) die überanstrengte Gattin mit wenigen Handgriffen entlasten und dem gefährdeten Ehebund eine neue, gesunde Basis verleihen (B).

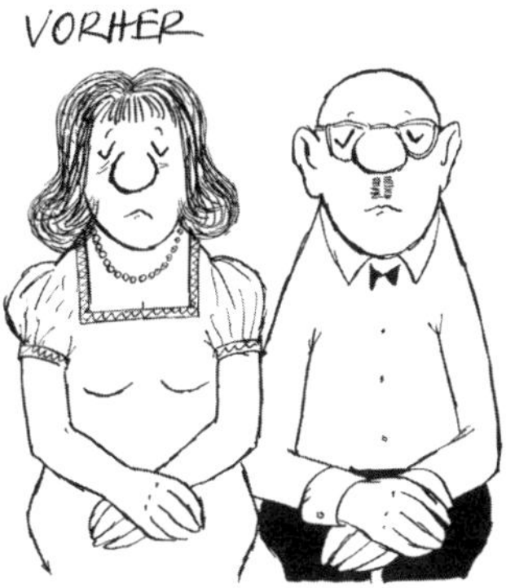


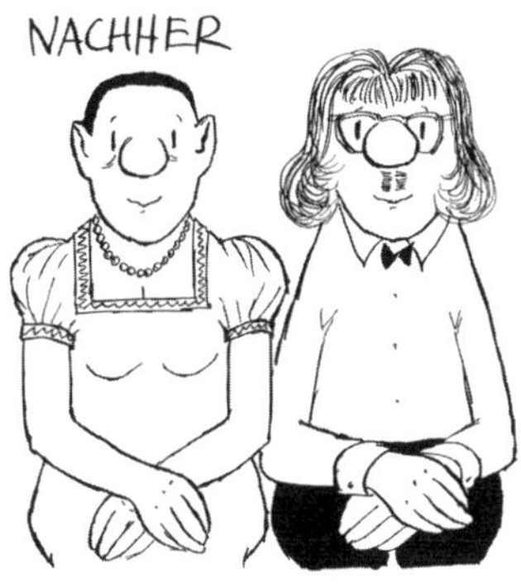


Gerade reifere Ehepaare sollten stets ihr Äußeres im Auge behalten. Nicht selten führen vorzeitiger Haarschwund des Herrn und eintönige Frisuren der Dame zu Krise und Trennung. Obenstehend ein norddeutsches Ehepaar vor und nach der Behandlung durch ein namhaftes Haarinstitut. Diese Ehe ist erst sehr viel später auseinandergegangen.

1

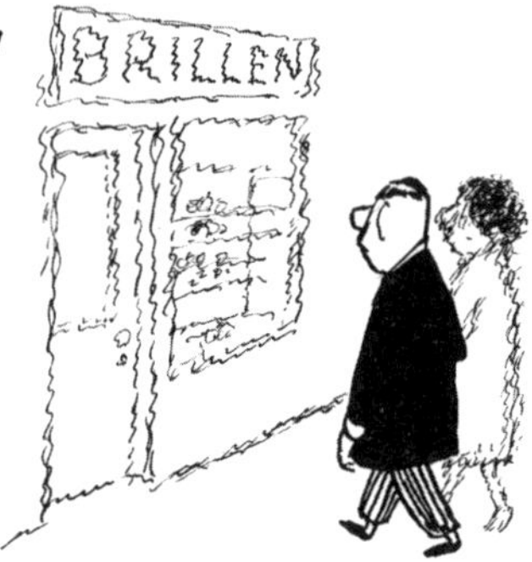


2

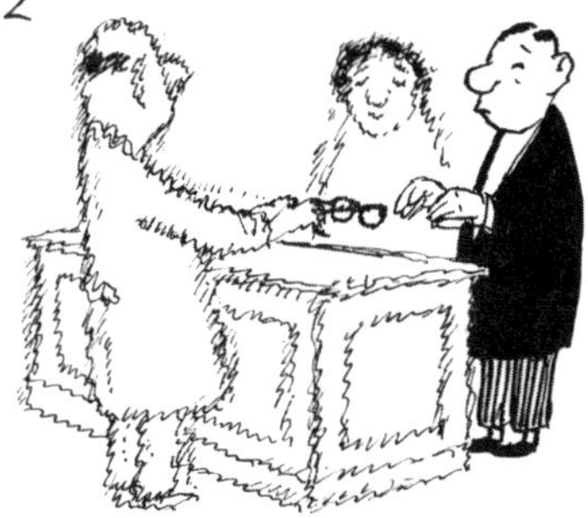

3

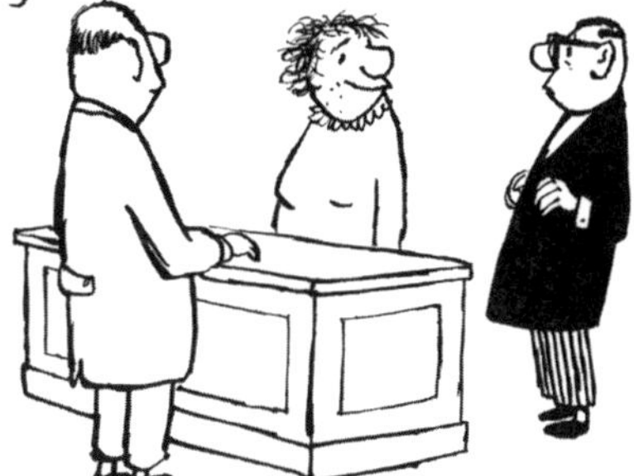

4

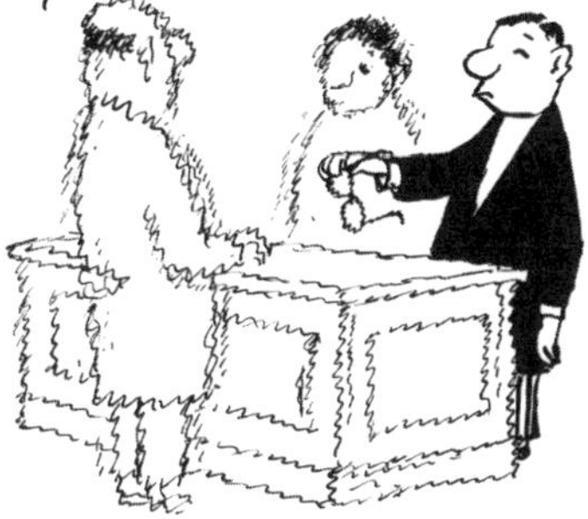

5

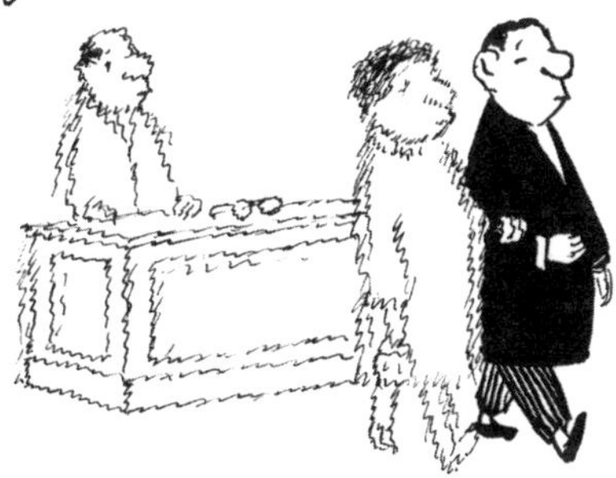

# LIEBE IM WELTRAUM

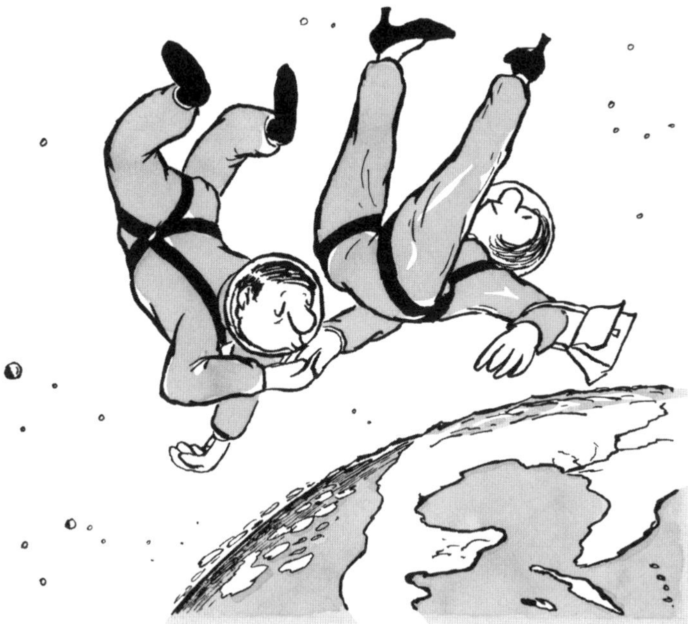

Die unvorhergesehen rasche Entwicklung der Astronautik lässt vermuten, dass in Bälde weite Kreise moderner Menschen vorzugsweise in schwereloser Lebensfreude um den Erdball kreisen. Infolgedessen erscheint auch das Problem der zärtlichen Beziehungen im Weltraum für jedermann von brennender Aktualität.

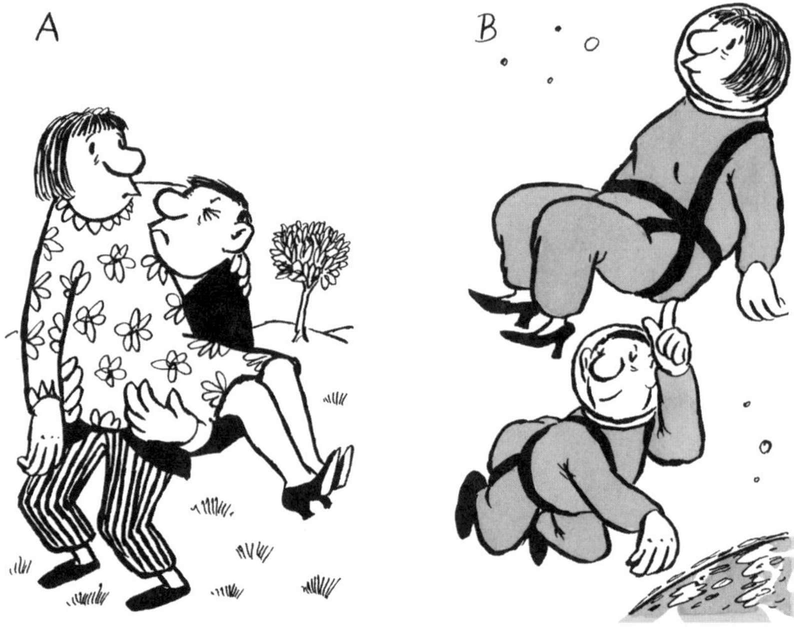


Ehemänner, die aufgrund der Erdanziehung ihre Gattin nur mit Schwierigkeiten und wenig Anmut auf Händen durchs Leben tragen (A), haben in der Weltraumfahrt schon bei einem mittleren Erdabstand von 200 Kilometern ein ganz neues Ehegefühl (B).

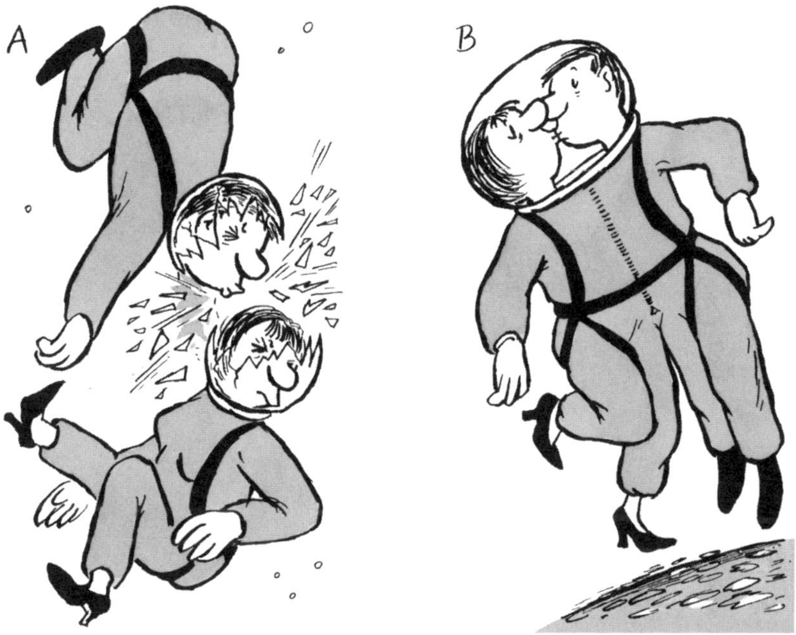


Unvorbereiteter Austausch von Zärtlichkeiten zwischen verlobten Astronauten erlaubt nur geringe Reizentfaltung und kann zur Beeinträchtigung der Flugsicherheit führen (A). Dagegen erlaubt der Astro-Spezialdress die Verabfolgung von Liebkosungen in angenehmer Gefahrlosigkeit (B).

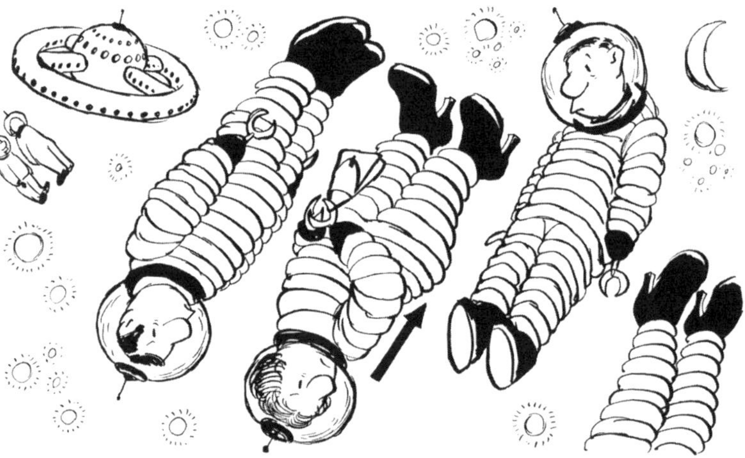

Bei Spazierflügen in die nähere Umgebung von Weltraumstationen kann durch die vorherrschende Schwerelosigkeit Unklarheit über das Oben und Unten entstehen. In Zweifelsfällen bestimmt die Lage der ältesten Dame, wo unten ist (PFEIL).

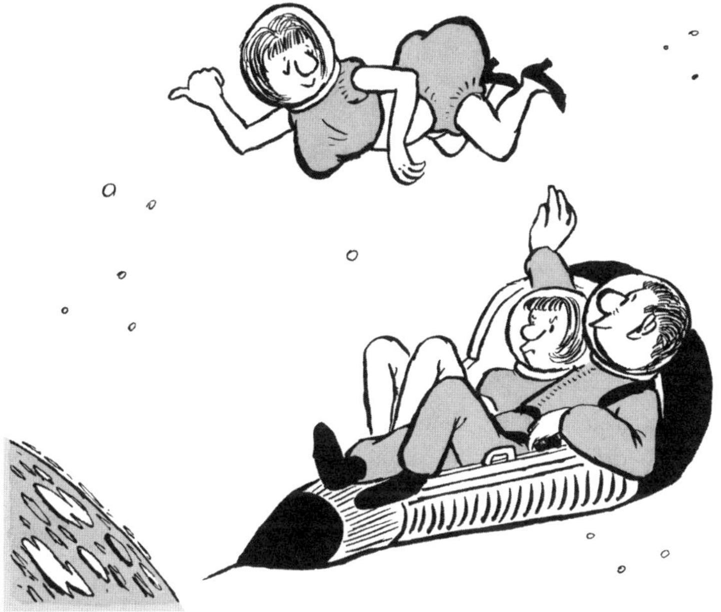

Für Damen mit sportlich-eleganter Note, die gleichgesinnte Astronauten im All zwecks späterer Ehe kennenzulernen wünschen, steht die formschöne dreiteilige Mini-Kombination eines Pariser Modeschöpfers zur Verfügung. Das knappe Mieder wirkt überaus anziehend auf ledige Astronauten und hält auch extremen Druckverhältnissen stand.

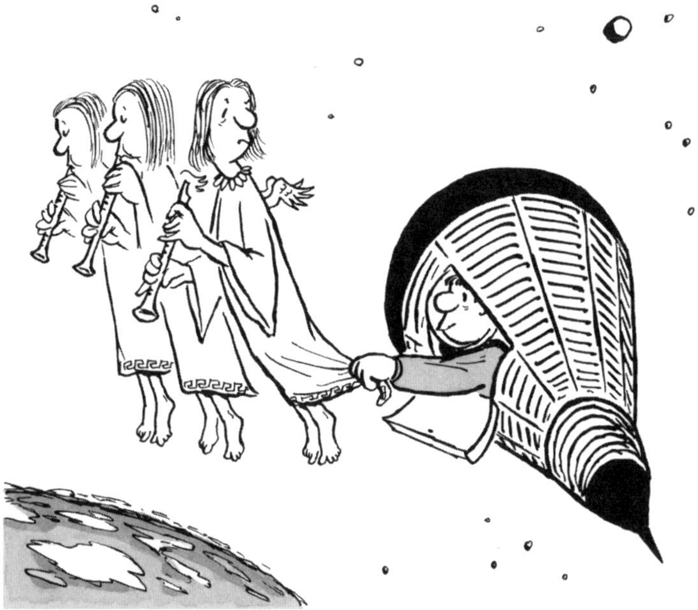

Gegenüber Damen mit Musikinstrumenten oder ungebräuchlichen Raumanzügen ist äußerste Zurückhaltung geboten. Unter genauer Angabe von Flugrichtung, -höhe und -geschwindigkeit ist unverzüglich Meldung an die Bodenstation zu machen. Merke: *Nicht jede Dame im Kosmos dient der amerikanischen Weltraumfahrt!*

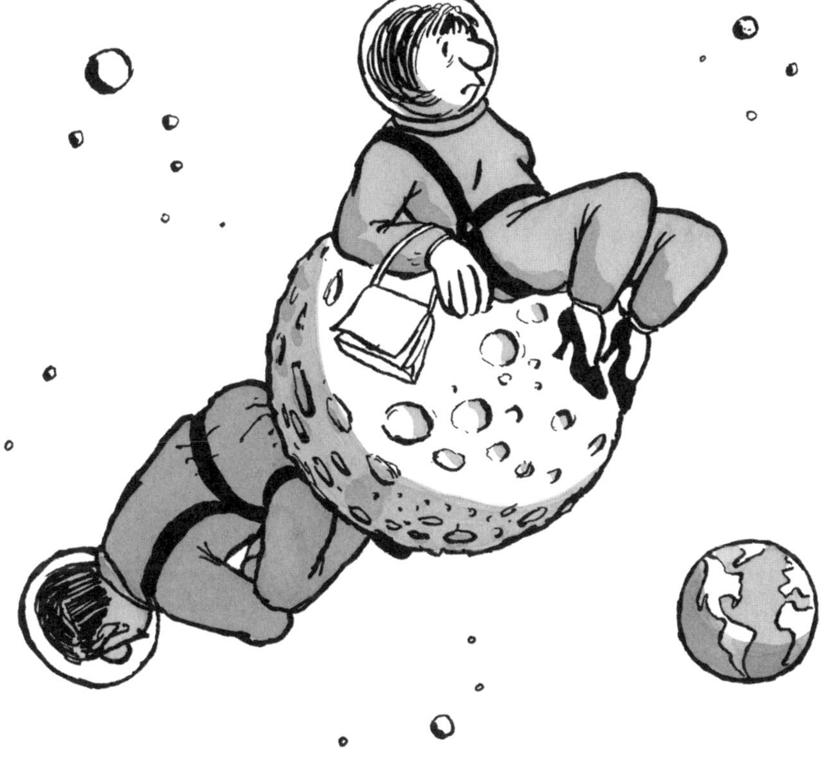

# MODERNE LIEBESBRIEFE

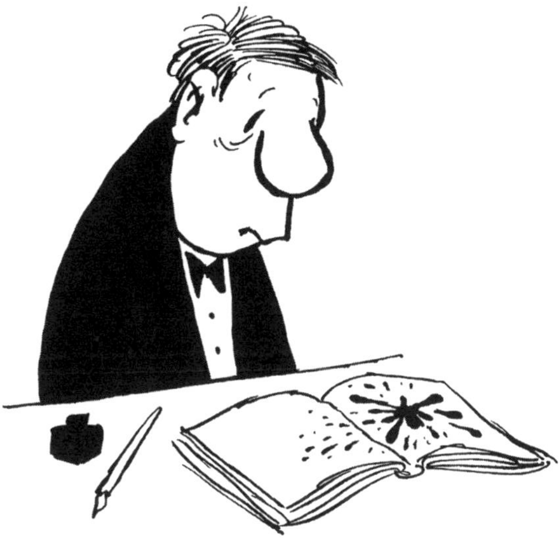

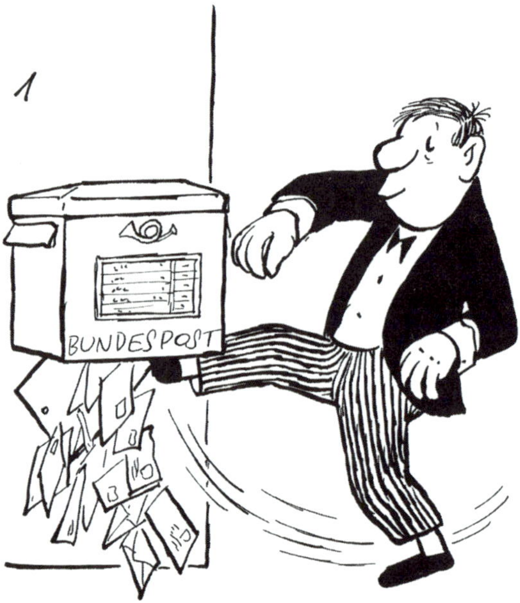


Guter Briefstil will erarbeitet sein. →

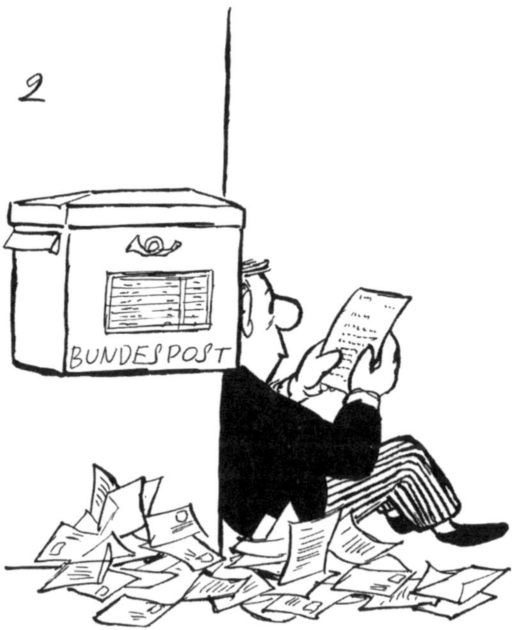


Nur durch regelmäßige Lektüre verschiedener Privat- und Geschäftskorrespondenzen gelingt die Vervollkommnung der eigenen schriftlichen Ausdrucksform.

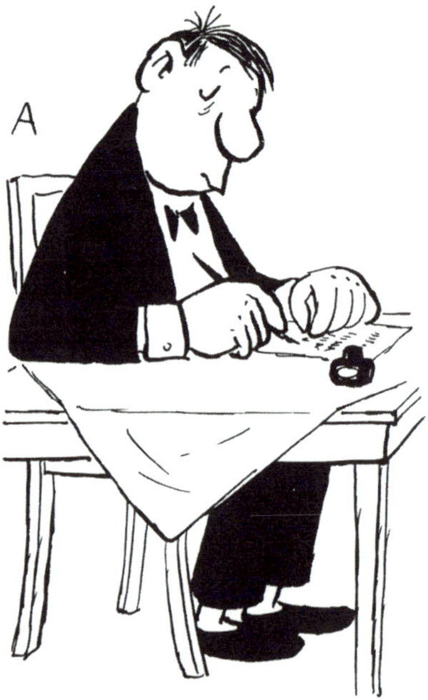


Diskretion ist das vornehmste Merkmal jeder gepflegten Korrespondenz. Die Niederschrift einer Bewerbung mit Lebenslauf (A) … →

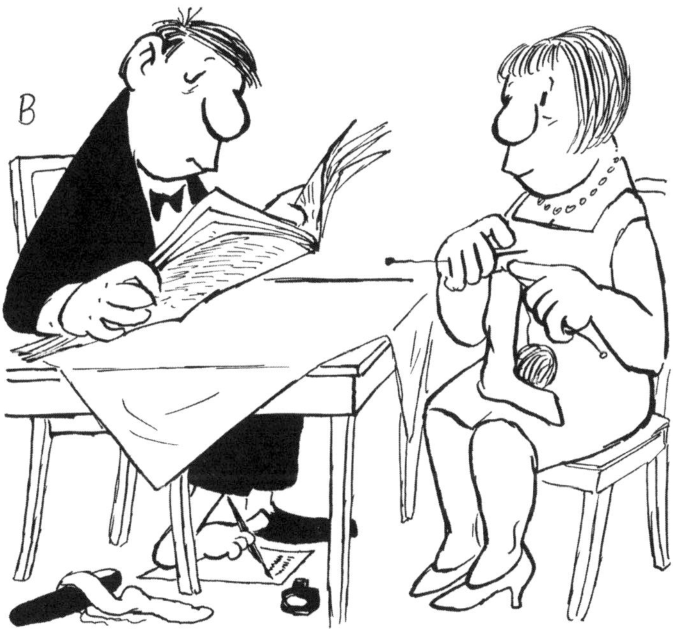


… unterscheidet sich allerdings geringfügig von dem vertraulichen Schreiben an die ferne Freundin (B).

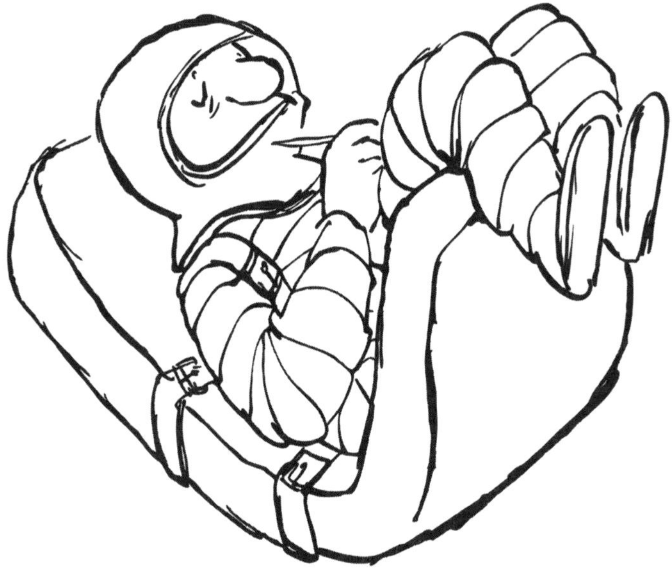

# BRIEF EINES ASTRONAUTEN AN DIE FERNE GELIEBTE

Im All, den 15. Juni 20..

Geliebte!

Meine dritte Stufe hat sich soeben gelöst, und ich befinde mich auf der errechneten Umlaufbahn. Die Geschwindigkeit beträgt achtundzwanzigtausend Stundenkilometer. O, flöge ich Dir an die Brust …

Jetzt ist es einsam um mich. Auch die Funksprechverbindung mit den Kameraden der Bodenstation lässt mich nicht vergessen, wie sehr Du mir fehlst. Längst habe ich aufgegeben, die Instrumente abzulesen. Was schert mich Raum und Zeit? Warum bist Du nicht bei mir? In dieser Kapsel ist Platz für zwei! Ich wünschte, Helm an Helm mit Dir ins Unbekannte vorzustoßen und infolge eines Fehlers im Lenkungsmechanismus in das Gravitationsfeld der Venus einzuschwenken, um auf ewig den Stern der Schönheit zu umkreisen!

O Lisbeth, ich bin nicht unvermögend, und auch Du hast etwas zurückgelegt – die Hochzeitsreise in eigener Kapsel ist in greifbare Nähe gerückt.

Lass mich schließen. Die Bremsraketen haben gezündet, das Thermometer in meinem Raumanzug zeigt zweiundneunzig Grad Celsius und steigt rasch weiter. Ich hoffe, beim Eintritt in die Erdatmosphäre vor Sehnsucht zu verglühen –

dennoch verbleibe ich mit Astronautengruß
Dein Eberhard

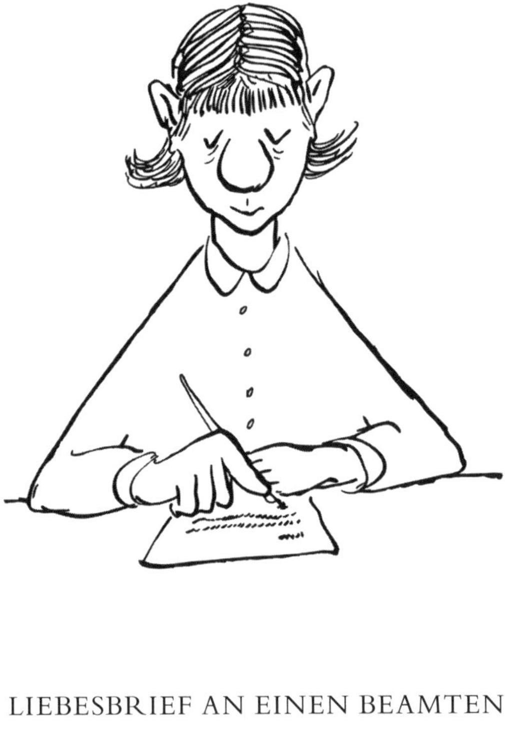

LIEBESBRIEF AN EINEN BEAMTEN

Hannover, den 2. Februar 20..

Innigstgeliebter Kurt!

Nun bin ich wieder daheim, und es ist schon acht Tage her, dass ich Dich in Stuttgart während der Amtszeit besuchte. Ich weiß, Du liebst es nicht, aber ich sehe Dich so gern an Deiner Wirkungsstätte.

Was Du in Deinem Brief, Teil III, Ziffer 2c, schreibst, finde ich kühn, aber es hat mich glücklich gemacht! Bezüglich Teil II entspreche ich Deiner Bitte und schicke ihn Dir gegengezeichnet zurück.

Mir macht das Ordnen und Ablegen Deiner inniggeliebten Briefe viel Freude. Mein neues Lochsystem in Verbindung mit einem Stichwortverzeichnis erleichtert wesentlich das Auffinden meiner Lieblingsstellen. Ich kann sie immer wieder und wieder lesen.

Der Gedanke, dass unsere Liebe einmal ein Ende haben könnte, ist mir unerträglich, aber ich will schon dankbar sein, wenn ich den dritten Jahrgang voll habe … und wenn Du die Arme um mich legst, fühle ich Deine Ärmelschoner im Nacken. Das gibt mir neue Kraft!

Mit der Bitte, diese Zeilen wie immer vertraulich zu behandeln, bin ich

mit freundlichem Gruß
Deine Dich liebende
Hertha

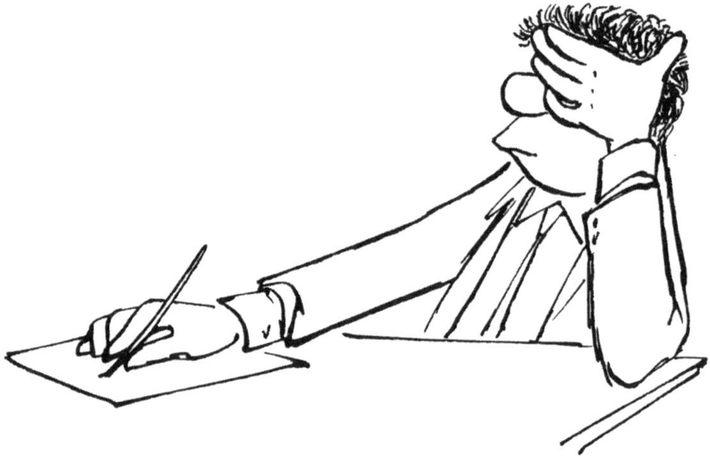

# HEIRATSANTRAG EINES FILMSCHAUSPIELERS

Lugano, den 11. November 20..

Verehrtes Fräulein Renate!

Seit langer Zeit schon wollte ich Ihnen meine geheimsten Wünsche offenbaren. Aber angeborenes Taktgefühl, gepaart mit Schüchternheit und der starken Hemmung, etwas von meinem Inneren zu zeigen, ließen mich bisher schweigen. Um es kurz zu machen: Ich liebe Sie.

Ich will ganz offen sprechen. Seit dem Faschingsfest bei Dambronskis im letzten Frühjahr, das uns eine kurze intime Beziehung schenkte (erinnern Sie sich?), habe ich mehrfach an Sie gedacht, und ich frage mich, was einer Eheschließung noch im Wege steht.

Meine Affäre mit Dora C. ist mit Bestimmtheit bis dahin abgeklungen. Die von der Presse unglücklicherweise sehr entstellte Liaison mit Pamela K. wäre im Ernstfalle kein Hindernis. Sie weiß, dass sie mir nur wenig davon geben kann, was ich von einer Lebensgefährtin erwarte. Wenn ich Ihnen ferner versichere, wie wenig mir meine Kolleginnen Geraldine M., Tina K. und Maria Pf. bedeuten, denen ich teils wegen einer derzeitigen gemeinsamen Arbeit, teils aus Gefälligkeit und zudem nur rein körperlich näherstehe, müssen Sie von meiner Aufrichtigkeit überzeugt sein.

Unsere Zukunft ist auch finanziell gesichert, seit ich die Unterhaltszahlungen an meine erste Frau eingestellt habe und sich meine derzeitige Gattin für den Scheidungsfall mit einer einmaligen Abfindung einverstanden erklärt hat. Ich hoffe auf eine baldige gute Nachricht und bleibe bis dahin

Ihr treuer
Gerd

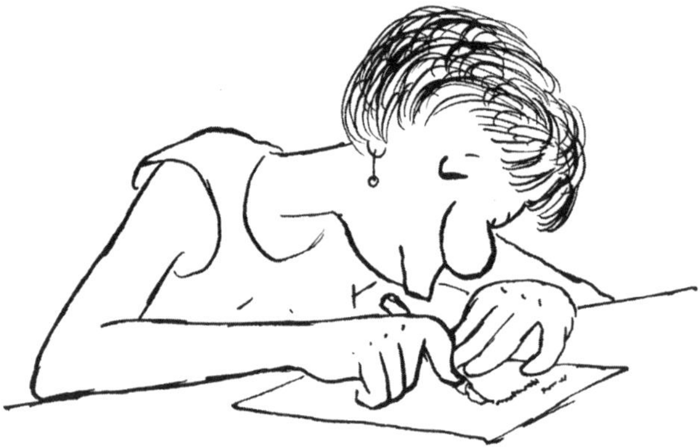

ABSCHLÄGIGE ANTWORT AN EINEN LUSTMÖRDER

Gelsenkirchen, den 8. August 20..

Sehr geehrter Herr Maierbehr,

Sie kennen meine Gefühle und Sie wissen, dass es mir nicht leichtfällt, etwas so Zartes zu zerstören, wie es unsere junge Liebe war. Es muss jedoch sein. Papa kann sich nun einmal nicht mit Ihrem Beruf befreunden. Eine Ehefrau, sagt Papa, müsse in der Lage sein, ihrem frei schaffenden Gatten hin und wieder beruflich zur Seite zu stehen.

Wir haben in dieser Hinsicht so wenig Gemeinsames. Oft habe ich versucht, Gefallen an Ihrer Arbeit zu finden. Es wollte mir nicht gelingen. Eine gewisse Erregung während der Tat ist alles, was ich verspürte. Schon dem anschließenden Zerlegen der Leiche konnte ich keinen Geschmack abgewinnen, und nur mit Unlust erinnere ich mich an das Tragen der schweren Pakete und das stundenlange Graben im Stadtrandgebiet.

Ich liebe Musik und Literatur, auch male ich selbst ein wenig. Muss ich nicht befürchten, dass in unserer Ehe diese Saite meines Wesens selten zum Klingen käme?

Als am 28. Juli unsere Herzen zueinander sprachen, ließ mich Ihre starke Persönlichkeit vergessen, was uns trennt. Mein Entschluss, mich von Ihnen zu lösen, steht unabänderlich fest. Anbei erhalten Sie Ihre Geschenke (6 Taschenmesser mit deutschen Städtebildern) zurück.

Ich wünsche Ihnen beruflich viel Erfolg. Leben Sie wohl.

Ihre unglückliche
Christa Prenzel

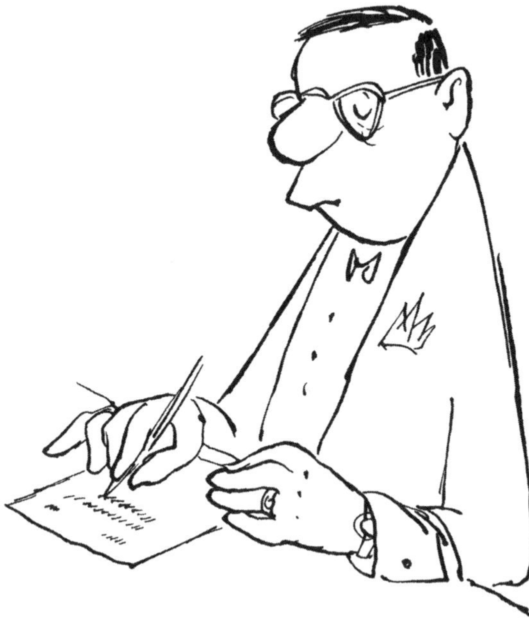

# BRIEF EINES EHEMANNES AN DEN VEREHRER DER GATTIN

Tübingen, den 3. Oktober 20..

Geehrter Herr!

Sie werden mir nicht vorwerfen können, dass ich ein altmodischer Mensch sei. Als Mann von Bildung scheint mir nun das Maß jedoch voll! Ich räume durchaus ein, dass Ihre Verehrung meiner Frau stets von den besten Absichten begleitet gewesen sein mag. Auch bewiesen mir Ihre gemeinsamen Kartengrüße aus Paris, Stockholm, Bangkok, Singapur, Travemünde, Wladiwostok, Santiago, Saint-Tropez, Taormina, Westerland und von anderen Geschäftsreisen, an denen Sie meine Frau freundlicherweise teilnehmen ließen, wie nahe ich Ihnen stand.

Umso unverständlicher erscheint es mir, dass Sie, ein gewandter Gesellschafter, es bisher nicht ein einziges Mal für nötig befunden haben, bei uns Besuch zu machen. Es ist kaum anzunehmen, dass Sie sich in all den Jahren (!) nicht eine halbe Stunde hierfür hätten freimachen können.

Ich bin nicht bereit, Ihren Formfehler länger zu entschuldigen, und muss Sie bitten, von weiteren Kartengrüßen abzusehen.

Mit dem Ausdruck vorzüglichster Hochachtung
Otmar Lüdenscheidt

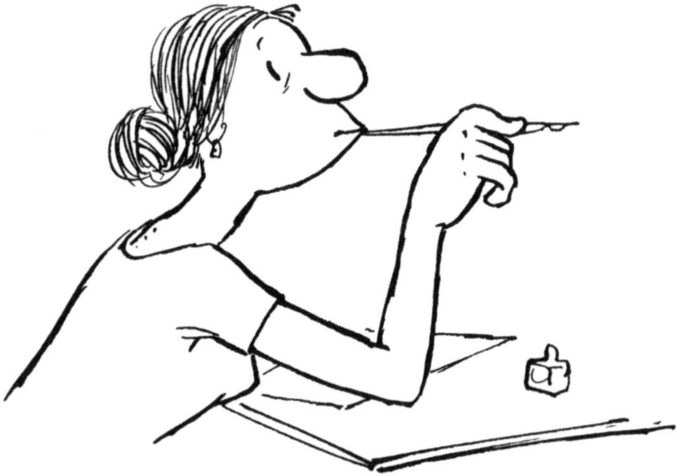

ZUSAGENDE ANTWORT AN EINEN BUNDESKANZLER

Positano, den 28. Mai 20..

Sehr geehrter Herr Bundeskanzler!

Noch kann ich mein Glück nicht fassen! Ich kam gerade aus dem Lichtspieltheater, als Ihr Eilbrief mich erreichte. Darf ich es glauben? Was mag Sie bewogen haben, unter Millionen gesunder Frauen mich zur Gattin zu bestimmen? Viele meiner Freundinnen sind reicher an Schönheit und Erfahrung, manche gepflegter und aus besserem Hause.

Noch erinnere ich mich unserer ersten Begegnung auf dem Königsplatz, wo ich Ihnen als Vertreterin der Landesgruppe Süd ein Sträußchen Feldblumen überreichte. Konnte ich ahnen, dass es mehr als Güte war, als Sie mir über das Haar strichen? Auch als wir uns dann jeden Mittwoch in den städtischen Anlagen trafen, glaubte ich annehmen zu müssen, dass ich diese Gunst mit noch anderen teile.

Aber nun ist alles anders, und ich beantworte Ihre Frage aus übervollem Herzen mit »Ja«!

Eine Ungewissheit lässt mich jedoch nicht ruhen: Was wird das Volk dazu sagen? Ferner möchte ich die angebotene Verleihung des Bundesverdienstkreuzes erst annehmen, wenn ich Ihnen einen Nachfolger geschenkt habe.

Es sieht mit Ungeduld und freundlichen Grüßen unserer Vereinigung entgegen

Ihre Hannelore

PS: Ich werde, entgegen Ihrer Annahme, nicht am 10., sondern erst am 12. Oktober dieses Jahres fünfzehn.

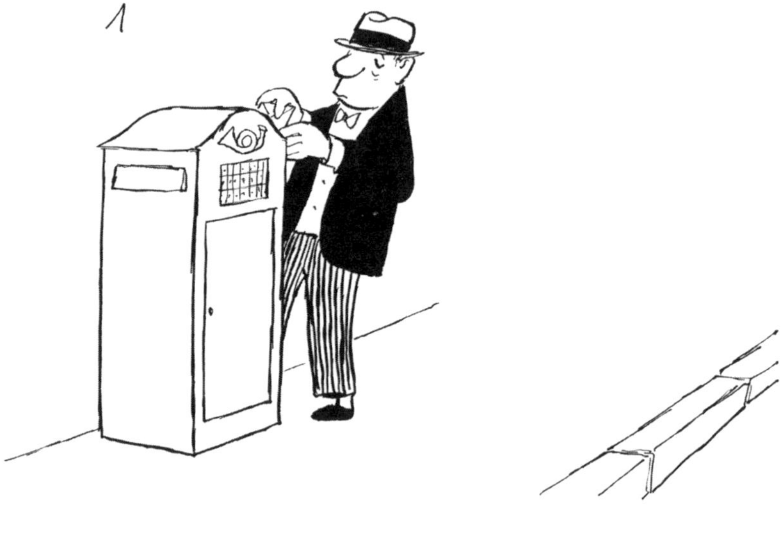
1

2

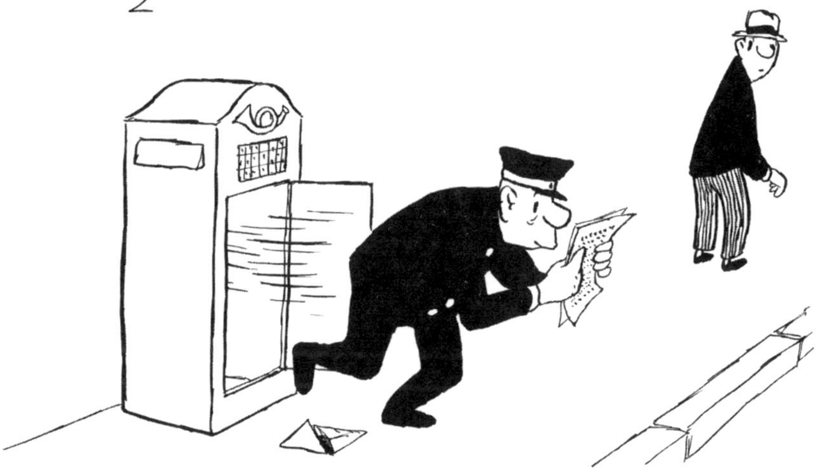

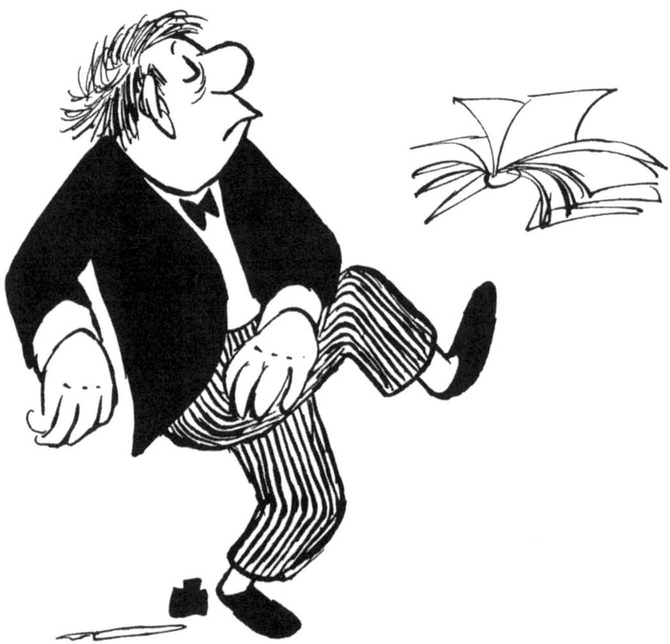

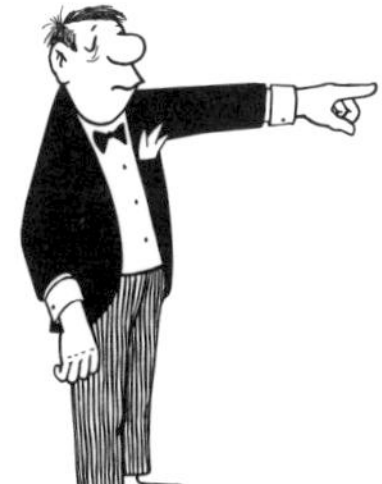

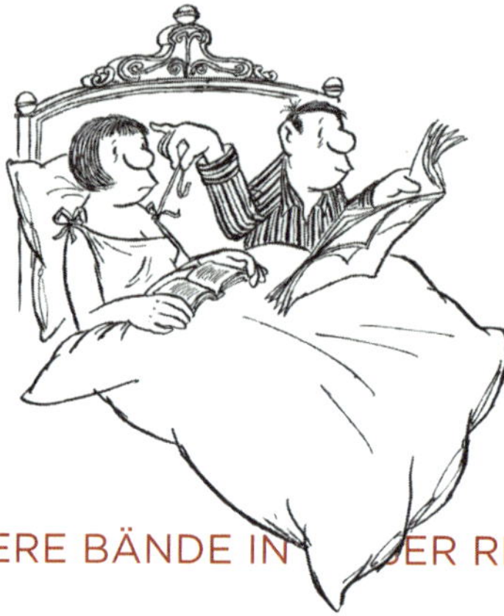

## WEITERE BÄNDE IN DER REIHE

TIERFREUDEN MIT LORIOT

FAHRVERGNÜGEN MIT LORIOT

IM WAHLKAMPF MIT LORIOT

EIN HUNDELEBEN MIT LORIOT

FREIZEIT MIT LORIOT

DURCH DIE WOCHE MIT LORIOT

SCHÖNER LEBEN MIT LORIOT

KINDERFREUDEN MIT LORIOT

WEIHNACHTEN MIT LORIOT

DURCHS JAHR MIT LORIOT

REISEN MIT LORIOT

KOCHEN & GENIESSEN MIT LORIOT

WOHNEN MIT LORIOT

ZURÜCK ZUR NATUR MIT LORIOT